www.tredition.de

Der Autor:

Marco Langnickel, Hauptmann a.D., wurde 1974 in Berlin geboren. Er wuchs in Sachsen auf und trat nach dem Abitur als Offizieranwärter in die Luftwaffe ein. Im Anschluss an seine Fachausbildung in den USA führte ihn der Dienst in einem Flugabwehrraketengeschwader der Krisenreaktionskräfte unter anderem nach Norwegen, Belgien und Italien. Nach mehrjähriger Tätigkeit in der Presse- und Öffentlichkeitsarbeit schied er aus der Bundeswehr aus und studierte interkulturelles Management in Australien. Er lebt heute in Baden-Württemberg.

Marco Langnickel

In vergessener Mission

Als Soldat in Mazedonien

www.tredition.de

© 2009   Autor: Marco Langnickel   Verlag: tredition GmbH
www.tredition.de
Printed in Germany

ISBN: 978-3-86850-420-0

Bibliografische Information der Deutschen Nationalbibliothek
Die Deutsche Nationalbibliothek verzeichnet diese Publikation in
der Deutschen Nationalbibliografie; detaillierte bibliografische
Daten sind im Internet über http://dnb.d-nb.de abrufbar.

MEDIIS TRANQUILLUS IN UNDIS

Inhaltsverzeichnis

Vorwort

Dieses Buch basiert auf den Tagebuchnotizen, die ich während meines Auslandseinsatzes in ruhigen Minuten angefertigt habe. Zum Schutz der Privatsphäre beschriebener Personen habe ich die meisten Namen verschleiert. Die Wiedergabe der tatsächlichen Ereignisse und meiner damaligen Stimmung bleibt jedoch unverfälscht, macht sie doch für mich den Kern des Buches aus.

Viele meiner Erlebnisse sind Momentaufnahmen in Stresssituationen. Stress hat nicht nur die Wahrnehmungen und Reaktionen der beschriebenen Menschen beeinflusst, sondern auch mich ganz persönlich. Deshalb sind die von mir geäußerten Wertungen natürlich durch meine damalige Perspektive geprägt. Mit etwas Abstand wäre sicher manches Urteil milder ausgefallen...

Zum Verständnis der Vorgänge in Mazedonien ist die ethnische Zugehörigkeit der handelnden Personen wichtig. Ich habe die im Einsatz üblichen Formulierungen verwendet, die jedoch einer kurzen Erläuterung bedürfen.

Das Völkergemisch der etwa zwei Millionen Einwohner Mazedoniens zerfällt für den oberflächlichen Beobachter in eine große Mehrheit von orthodoxen Christen (Mazedonier, Serben) und eine starke muslimische Minderheit (Albaner, Türken). Sofern nicht ausdrücklich anders bezeichnet, beschreibe ich mit dem Begriff „Mazedonier" Angehörige der mazedonisch-orthodoxen slawischen Bevölkerungsgruppe des Landes. Im Einsatz fiel in diese Kategorie allerdings praktisch jeder nicht-muslimische Einwohner Mazedoniens, also beispielsweise auch Bulgaren. Das Wort „Albaner" verwende ich synonym für alle Angehörigen dieser Ethnie, auf die wir im Rahmen unseres Einsatzes treffen sollten, auch wenn die meisten von ihnen Staatsangehörige der „Früheren Jugoslawischen Republik Mazedonien" (FYROM) gewesen sind.

2001 - Mazedonien und die NATO

Woran erinnern wir uns eigentlich noch aus dem Jahre 2001? Bei genauerer Betrachtung fallen uns neben den Anschlägen vom 11. September möglicherweise noch andere Ereignisse ein: Die Taliban zertrümmern jahrtausende alte Kulturdenkmäler, die CDU erlebt eine Spendenaffäre, in Berlin spricht Klaus Wowereit einen berühmten Satz, auf Sizilien bricht der Ätna aus. Die Bundeswehr hat den ersten Kampfeinsatz ihrer Geschichte hinter sich und nimmt inzwischen fast selbstverständlich an internationalen Militärmissionen teil.

Nach hitziger Debatte in der Öffentlichkeit hatte das Bundesverfassungsgericht 1994 festgestellt, dass deutsche Soldaten nicht nur beim Brunnenbohren im Sinne des Grundgesetztes handeln können. Dies gelte selbst dann, wenn sich das fragliche Wasserloch in Somalia befinde. Keine sieben Jahre später operieren Bundeswehrkontingente in Bosnien und im Kosovo. Eine zunächst emotionale öffentliche Diskussion (in der insbesondere die juristische Legitimation des Kosovo-Einmarsches auch für geübte PR-Kräfte keine langweilige Aufgabe dargestellt hatte…) schläft langsam wieder ein, und mit ihr das öffentliche Interesse an den Vorgängen in den neuen Einsatzgebieten der deutschen Soldaten.

Die albanisch-stämmigen Balkanbewohner dagegen verfolgen die politischen Entwicklungen sehr genau. Im Norden und Nordwesten Mazedoniens leben sie in den Bergregionen nahezu unter sich. Der Blick zu den Verwandten jenseits der nahen Grenze sorgt für gemischte Gefühle: Nach den albanischen Autonomiebestrebungen im Kosovo herrscht dort scheinbar die NATO, in Serbien regiert der historische Erzfeind und in Albanien die Armut. Kein Balsam für die Volksseele. Im erst seit zehn Jahren unabhängigen Mazedonien stellen muslimische Albaner nach den orthodox-christlichen Mazedoniern zwar die mit Abstand größte ethnische Gruppe (Zählungen und Schätzungen schwanken zwischen 25 und 33%), fühlen sich im öffentlichen Leben aber stark unterrepräsentiert. So nimmt man es vielerorts durchaus wohlwollend zur Kenntnis, wenn auf Schleichwegen insbesondere aus dem Kosovo mehr und mehr kampferprobte Rebellen der „Kosovo-Befreiungsarmee" (UCK) über die Grenze kommen.

Im April 2001 beginnen beinahe folgerichtig heftige Gefechte zwischen albanischen Kämpfern und mazedonischen Sicherheitskräften. Dabei verliert die Staatsmacht zunächst völlig die Kontrolle über die Siedlungen in den Bergregionen und mobilisiert alle erdenklichen Kräfte für die Niederschlagung der Unruhen. Als der erhoffte militärische Erfolg ausbleibt und immer mehr Ortschaften durch die Kämpfe verwüstet werden, kommt es auf internationale Vermittlung hin zu Gesprächen zwischen den Konfliktparteien. Dabei fordert die mazedonische Seite die Entwaffnung der albanischen Untergrundkämpfer, die Albaner ihrerseits internationale Aufsicht bei der Rückkehr der staatlichen Sicherheitskräfte in die Bergregionen.

Im allseitigen Einvernehmen verlegt die NATO Teile ihrer Kosovo-Truppen nach Mazedonien, um im Rahmen der Operation „Essential Harvest" albanische Waffen einzusammeln. Am Rande der Hauptstadt Skopje wird ein Feldlager für die internationale Truppe eingerichtet, die die Einhaltung der Absprachen beider Parteien überwachen soll. Sie steht unter deutschem Kommando und erhält den Namen „Task Force Fox".

Als diese Task Force ihre Arbeit aufnimmt, stellt man recht schnell fest, dass eine wirksame Überwachung der Vorgänge in den

11

Kampfgebieten nicht vom Feldlager aus realisierbar ist. Immer wieder gibt es Meldungen über Provokationen und Feuerüberfälle, deren Wahrheitsgehalt die TFF jedoch selten ermitteln kann. Einen Vorfall zu beobachten oder gar Schuldige „auf frischer Tat" zu ertappen, ist nahezu ausgeschlossen: Aufgrund des schlechten Wegenetzes, der unklaren Minenlage sowie der zahllosen Straßensperren benötigen Patrouillen eine kleine Ewigkeit, um zum Ort des Geschehens vorzudringen. Die wenigen verfügbaren Bundeswehr-Hubschrauber werden für Rettungseinsätze zurückgehalten und dürfen zudem auch den mazedonischen Luftraum nicht uneingeschränkt benutzen.

Nach wie vor kontrolliert die souveräne mazedonische Regierung alle Zufahrtswege in die Berge, wo wiederum die Albaner das Sagen haben. Wie kann also die internationale Truppe ihrer überparteilichen Aufgabe gerecht werden, ohne dabei selbst aktiv den Status Quo zu verändern?

Die Antwort auf diese Frage lautet „Field Liaison Team" (FLT). Internationale Gruppen von Soldaten sollen sich dauerhaft in den Kampfgebieten einrichten. Dadurch lernen sie die genaue militärische Lage sowie relevante Persönlichkeiten der jeweiligen Region kennen und sind bei etwaigen Zwischenfällen sofort zur Stelle. Den offensichtlichen Vorzügen stehen allerdings auch Sicherheitsbedenken entgegen. Die FLT-Mitglieder können leicht von Nachschub, Informationen und nicht zuletzt den Kampfeinheiten ihres militärischen Verbandes abgeschnitten werden. Sie müssen bei Gesprächen vor Ort (Anwohner, Rebellen, Armee, Polizei, internationale Hilfsorganisation und politische Beobachter) möglicherweise Entscheidungen von hoher Tragweite treffen, ohne mit der internationalen Operationszentrale (JOC) in Skopje Rücksprache halten zu können.

Solche Soldaten sind bei ihrer Mission nicht leicht zu führen. Aber zunächst muss man sie natürlich erst einmal finden!

Wer sorgt zuverlässig für Kaffee bei der OSCE und graue Haare bei der eigenen Führung? Richtig, ein Field Liaison Team.

Personalauswahl - So schnell kann's gehen

Mit höheren Kommandoebenen verbindet den Soldaten oft eine gewisse Hassliebe, die er mehr oder weniger gut hinter Spott versteckt („Wer glaubt, dass das Luftwaffenführungskommando die Luftwaffe führt, der glaubt auch, dass Zitronenfalter Zitronen falten..."). Unterstellt man der Luftwaffenführung jedoch systematisches Vorgehen und setzt weiterhin voraus, dass das künftige Aufgabenspektrum den Entscheidungsträgern auch bekannt war, so macht es durchaus Sinn, dass für die zu bildenden Field Liaison Teams ausgerechnet Flugabwehr-Soldaten ausgewählt wurden.

Die meisten von ihnen haben in den USA ihre Fachausbildung durchlaufen und später an zahlreichen multinationalen Übungen teilgenommen. Die Erfahrungen im Umgang mit sensibler Technik unter schwierigen Gelände- und Witterungsbedingungen bringen eine ganz eigenwillige Kombination aus Flexibilität, Geduld und Pragmatismus hervor. Hier arbeiten Menschen, die unter chaotischen Bedingungen die Übersicht behalten, geländegängige Fahrzeuge auch im Gelände (!) beherrschen und dabei noch fließend Englisch sprechen. Dies scheint angesichts der in Mazedonien zu erwartenden Aufgaben sehr hilfreich.

Daher ergeht Befehl an alle sechs Flugabwehrraketengeschwader der Luftwaffe, unverzüglich je 4 Soldaten für den FLT-Einsatz abzustellen, die nach landesbezogener Intensivausbildung sofort nach Mazedonien fliegen sollen. Das Ergebnis dieser Anweisung erreicht den einen Kameraden auf der Autobahn, den nächsten im Kurzurlaub (wie z.B. mich) und wieder andere unverhofft im Flur: „Sie haben gewonnen!" Wirksam erweist sich hier das legendäre management-by-corner-Verfahren, vom Vorgesetzten häufig angekündigt durch Floskeln wie „Ach, wo ich Sie gerade sehe, fällt mir ein…"

Aus dem Flugabwehrraketen-Geschwader 3 ereilt das Glück einen Staffelchef (Major Thomas F), zwei Feuerleitoffiziere (Oberleutnante Siegfried K und Marco L) sowie einen Luftwaffeninfanterie-Offizier aus dem Stab (Leutnant Axel S). Damit besteht dieses Team komplett aus Offizieren, und es fragt sich nicht nur mancher Feldwebel: Kann das gut gehen?! Es kann.

Hier treffen Menschen mit verschiedenen Charakteren aufeinander, die unterschiedlichste Lebenserfahrungen ebenso mitbringen wie ein außergewöhnliches Fremdsprachenprofil (Englisch, Französisch, Russisch, Spanisch, Italienisch und Rumänisch), das im bevorstehenden Einsatz noch unschätzbaren Wert beweisen soll. Die gemeinsame militärische Heimat und die geteilte Begeisterung für das zurückliegende „Auswahlverfahren" geben den nötigen Zusammenhalt für die kommenden Aufgaben.

Mögen die Spiele beginnen…

Einsatzvorbereitung –
Die Suche nach Gerri Brojkovic

Sonntag, 30. September 2001

Zwei Wochen Einsatzvorbereitung sollen es also sein. Ich fahre dafür zum Luftwaffenausbildungsregiment nach Heide. Meine Unterkunft liegt im Gebäude der 11. Kompanie. Mein Stubennachbar ist Lt Axel S. Abends erfolgt eine Begrüßung durch den Kommandeur des zuständigen Bataillons. Wie wir erfahren, wissen auch die Ausbilder immerhin schon seit Mittwoch, dass sie uns instruieren sollen - Nicht nur bei uns ist der Informationsfluss zur Zeit noch ein Rinnsal... Also wird mit heißer Nadel gestrickt, aber wir fühlen uns etwas besser. Zu den anwesenden 24 FlaRak-Leuten sollen in der Folgewoche nochmals 160 weitere Soldaten aus anderen Bereichen der Luftwaffe stoßen. Irgendwie werden die Ausbilder das schon meistern. Die Grundausbildung für ihre Rekruten müssen sie parallel weiterführen.

Montag , 01. Oktober 2001

Als frischgebackene Angehörige der Phantasie-Truppe „MFOR" (Mazedonien-Force) dürfen wir wieder Soldat spielen. Man erinnert sich daran, wie sich Rekruten in der Grundausbildung fühlen. Nach dem Waffenempfang dackeln wir zur SAN-Ausbildung. Wir arbeiten an verschiedenen Stationen, die äußerst vielseitig daherkommen. Der Alltag des MFOR-Soldaten setzt sich offensichtlich zusammen aus Geburtshilfe, Sterbehilfe, dem Vorbereiten von Infusionen und Legen von intravenösen Zugängen. Verletzten Personen in den Venen herumzustochern erweist sich als spannender als erwartet. Wir erlernen auch die Verwundetenverladung in Rettungswagen und SAR-Hubschrauber.

Der Vergleich mit meinen Kameraden ergibt: Ich habe offensichtlich nur einen Bruchteil der benötigten Ausrüstung dabei. Damit werde ich dem Nachschub viel Arbeit bescheren, wahrscheinlich auch das eine oder andere graue Haar...

Dienstag, 02. Oktober 2001

Heute erleben wir einen genialen Rechtsunterricht. Der angereiste Rechtslehrer vermittelt glaubhaft und umfassend die Entstehungsgeschichte des Balkankonfliktes. Hauptsächlich geht es aber natürlich um unseren Handlungsspielraum, die „rules of engagement" (ROE). Bei der Auswertung unserer Befugnisse kommt der Lehrer zu dem Ergebnis: Wir dürfen praktisch gar nichts! Die angehenden Geiselbefreier unter uns beschließen, dieses Mandat konsequent durchzusetzen. Dazu gibt es auch sofort Gelegenheit bei der Ausbildung zum Thema Menschenansammlungen und gewaltbereite Demonstranten in Mazedonien.

Im Unterschied zu einer Demonstration in Deutschland müssen wir immer davon ausgehen, dass die Mehrzahl der Teilnehmer mit Schusswaffen vertraut und ausgerüstet ist. Das erfordert hohe Disziplin von den Sicherheitskräften. Während in Mitteleuropa ein Warnschuss die Menschen augenblicklich ernüchtert, erreicht man damit auf dem Balkan häufig gar nichts. Wer seine Trümpfe vorschnell ausspielt, hat gegenüber einem bewaffneten Mob ausgereizt, und als nächste Eskalationsstufe droht ein Blutbad! Daher schwören uns die Ausbilder auf das Konzept der „Nonverbalen Eskalation" ein.

Dabei werden Mimik und Gestik gezielt als eindeutige Kommunikationsmittel eingesetzt, die auch ohne Dolmetscher in fremden

Kulturkreisen verstanden werden. Im Spektrum zwischen „freundliches Lächeln" und „Warnschuss" gibt es eine Reihe von klaren Eskalationsstufen, die der Soldat bei Gefahr verschärfen oder bei Wohlverhalten des Gegenübers auch wieder lockern kann. „Richten Sie niemals grundlos eine Waffe auf jemanden. Wird die Situation bedrohlich, legen Sie mit ernstem Gesichtausdruck langsam die Hand an Ihre Pistole, ziehen die Waffe aber NICHT aus dem Holster. Verhält sich die andere Person kooperativ, belohnen Sie das sofort, indem Sie offensichtlich die Hand wieder von der Waffe nehmen und freundlicher dreinschauen." Was zunächst nach Bauerntheater klingen mag, ist möglicherweise ein entscheidender Faktor für das hohe Ansehen der deutschen Soldaten bei der Zivilbevölkerung in den Einsatzländern. Gewaltanwendung gegen friedfertige Menschen wird praktisch ausgeschlossen, stattdessen verbinden Bundeswehr-Soldaten militärische Macht mit respektvollem Auftreten. Für unsere nahe Zukunft lerne ich also: Lächeln kann befohlen werden!

Am Nachmittag ergeben sich neue Einsatzmöglichkeiten für das Gewehr G36 beim Abdrängen von Demonstranten im Postenkeil, der besonders in der Version "4-Mann-Liason-Team" für atemberaubende Ergebnisse sorgen dürfte. Dass wir zu viert (!) jemals eine Demonstration auflösen werden, halten wir trotz unseres wachsenden Selbstbewusstseins für sehr fraglich.

Mittwoch, 03. Oktober 2001

Keiner weiß gar nix. Dieser Gesamteindruck verstärkt sich auch bei der Unterrichtung in Landeskunde: Die Info über den "Albaner an sich" ist f.A., denn es fällt kein einziges Wort zu Mazedonien?! Der feiertags angereiste Hauptmann verspricht, Antworten zu brennenden landeskundlichen Fragen über den Bataillonskommandeur an uns weiterzuleiten. Dank des Informationsdefizits treiben die

Fantasien über den möglichen Einsatz immer neue Blüten. Man kann sich Neuigkeiten nur über den „kleinen Dienstweg" beschaffen, aber die gewonnenen Erkenntnisse werfen mehr Fragen auf als Antworten. Einsatzdauer? Einsatzzweck? Einsatzort? Beim Dienstabschlussbier ergeht der Vorschlag zum Einrichten einer Internetpräsenz unter „www.hostagebusters.de".

Donnerstag, 04. Oktober 2001

Wir besichtigen die ehemalige HAWK-Flugabwehrstellung Deichhausen, die jetzt für Ausbildungszwecke zu einer Art Erlebnispark Klein-Kosovo mutiert ist. Dort erlebe ich die Einweisung in den schweren Bergesatz. Ich halte zum ersten Mal in meinem Leben eine Kettensäge in der Hand. Das Bedienen des Trennschleifers und des Bohrsatzes ist gewöhnungsbedürftig. Eine typische Bw-Posse am Rande: Der Stromerzeuger für die ganzen Geräte läuft mit BENZIN!!! Es lebe die Standardisierung.

Eine erste offizielle Information über die nahe Zukunft trifft ein. Der Bataillonskommandeur erklärt: Unser Einsatz sei ab 05.11.2001 für drei Monate geplant, zuvor müsse jedoch in der 43. Kalenderwoche noch eine Ausbildung an der Infanterieschule Hammelburg besucht werden. Dafür üben wir schon mal, in dem wir Patrouille fahren und einen Eingangs-Kontrollpunkt (EKP) betreiben. Bei verschiedenen Lagen werden Szenen aus dem Einsatzland von verkleideten Wehrpflichtigen gespielt, die häufig osteuropäische Wurzeln haben. Dadurch können wir uns an den Habitus der Menschen gewöhnen, auf die wir in Mazedonien treffen werden. Ich starte eine kleine Pantomime, als mich ein „Anwohner" partout nicht verstehen und mir einen gefundenen Sprengkörper in die Hand drücken will. So lotse ich ihn mit Händen und Füßen geduldig zur Sammelbox für Fundmunition. Geht doch…

Freitag, 05. Oktober 2001

Heute fahren wir wiederum Patrouille mit Kfz, um dann einen TCP (Temporary Check Point) einzurichten. Anschließend werden bei einer eiligen Fußpatrouille Plünderer aufgegriffen. Es folgen drei Lagen in Gebäuden, von denen sich zwei um Geiselbefreiung drehen. Ein echtes Highlight ist die Hausdurchsuchung bei „Gerri Brojkovic". Der Typ sieht nicht nur filmreif aus, die Routineaktion gerät auch schnell außer Kontrolle und führt beinahe zum Schusswaffeneinsatz. Hier können wir viel aus unseren Fehlern lernen. Unglaubliches geschieht während einer Geisellage. Nach der Erstürmung eines Gebäudes entdecken wir eine Geisel, hinter der ein Typ mit einer Handgranate herumfuchtelt. Major B schwatzt dem Geiselnehmer mit Logik und Geduld beinahe die Granate ab! Der Ausbilder ist verblüfft: „Sehr schön. Wann ist Ihnen eigentlich aufgefallen, dass die Geisel an den Stuhl gefesselt ist?" „Wie jetzt, gefesselt?!"
Im Lichte der zahlreichen Geisellagen nehmen wir aufmerksam zur Kenntnis, dass der Einsatzauftrag für Mazedonien um den Punkt „Geiselbefreiung gegen den Widerstand Dritter" erweitert werden soll. Eine wichtige Frage drängt sich auf: Was sollen wir da unten wirklich tun???

Montag, 08. Oktober 2001

Heute verbringen wir den Tag auf der Schiessbahn. Es wird MG vom Fahrzeug geschossen, ebenso die Gewehrübungen G36-S-B1+2. Während die MG-Leistungen durchwachsen sind, lässt sich beim G36 durch den Gewöhnungseffekt ein deutlicher Anstieg der Trefferquote verzeichnen. Nach dem Schiessen bilden 22 Offiziere und zwei Feldwebel das vermutlich teuerste Waffenreinigungsteam aller Zeiten. Der Abend klingt im Offizierheim aus, weitere

Lageinformationen bleiben aber aus. Die Angriffe der USA in Afghanistan bestimmen die Nachrichten.

Dienstag, 09. Oktober 2001

Auch heute ist der Tag von Schiess- und schießbegleitender Ausbildung geprägt. Das Pistolen-Schießen aus dem Geländewagen Wolf heraus ist ein Highlight (Wer braucht schon Außenspiegel?), das zwar alle Geiseln, aber auch nicht wenige Entführer überlebt hätten. Das G36 wird meine Lieblingswaffe, da ich damit auch immer häufiger vorsätzlich treffe. Ich sorge für den absoluten Höhepunkt des Tages, als ich auf der Schiessbahn die Kennzeichnungen verwechsle und mit einem lupenreinen Kopfschuss statt eines Entführers eine Geisel niederstrecke. Major Tom schluckt kurz, hatte er doch ursprünglich einen WARNschuss verlangt. Sofort wendet er sich aber wieder eiskalt an die „Geiselnehmer": „Gebt endlich auf. Ihr könnt uns nicht erpressen!"

Wir erhalten schließlich eine Information, welche eine latente Gewaltbereitschaft unter den Lehrgangsteilnehmern auslöst: Unmittelbar nach diesem KR-Grundlehrgang haben wir uns am SAMSTAG um 1500 in Eggesin einzufinden. The Stimmung is at the highpoint. Siggi ist besonders begeistert, wäre er doch in Folgewoche viel lieber zu seiner eigenen Hochzeit gegangen. Das Lehrgangsende in Heide wird von der Ausbildungsleitung auf Donnerstag Mittag vorverlegt.

Mittwoch, 10. Oktober 2001

Morgens wird die lieb gewonnene Ausrüstung abgeliefert, die uns die 14. Kompanie geliehen hatte. Anschließend geht es zur Kleiderkammer Heide, wo mir die Einkleidung mit einem Grossteil der KR-Ausrüstung gelingt. Neben einem Tarn-Rucksack kann ich jetzt auch einige Winterutensilien mein eigen nennen, die sich in Mazedonien gut machen dürften. Selbst eine eisern "für den Verteidigungsfall" eingelagerte Zeltbahn kann ich abgreifen. Bei der Sanitätsstaffel entfällt die Auslandstauglichkeitsuntersuchung klammheimlich, weil man "nach Aktenlage" für tauglich erklärt wird. Ich ziehe mir eine Typhus-Spritze rein, dank der ich jetzt wohl auch gefahrlos Wasser aus mazedonischen Pfützen trinken darf. Nach einer GPS-Einweisung erfolgt noch ein Unterricht über Funkgeräte und Sprechverkehr, der eiligst zusammengeschustert werden musste. Im Anschluss müht sich Fähnrich B mit dem Unterrichtsthema "Menschenführung unter Belastung", welches er äußerst engagiert und fantasievoll mit Stressbewältigungsvorschlägen anreichert. Ich kann nicht alle Vorschläge teilen, halte die Ideen jedoch für interessant. Zu später Stunde folgt der Abschlussabend, wobei zur Begeisterung der Geschwader 5 und 6 bayerische Verpflegung aufgefahren wird.

Donnerstag, 11. Oktober 2001

Nachdem Frühstück gibt es eine Dichtigkeitsüberprüfung unserer ABC-Schutzmasken, auf die wiederum der Vortrag des Sozialberaters folgt. Bei der Erläuterung der Absicherungsleistungen wird den Zeitsoldaten klar: Das Leben eines Berufssoldaten ist deutlich mehr wert, zumindest dem Staat. (Ich werde mir noch überlegen müssen, ob ich mein Verhalten gegenüber Vertretern dieser Spezies verändern sollte...) Nach den bekanntermaßen ernüchternden Erkenntnissen des Sozialberaters spricht der Mediengelehrte zu uns. Wir lernen nichts wirklich Greifbares über den Umgang mit Medien, sehen aber zum ersten Mal Fotos von Mazedonien. Danach reist die Liaison-Meute nach Hause, um sich Samstag in JÄGERBRÜCK wieder zu treffen.

Freitag, 12. Oktober 2001

Ich besuche meine Staffel, um mir von den Ergebnissen der von mir geplanten Objektschutz-Übung berichten zu lassen. Ich stelle fest: Auch hier ist Chaos kein unbekannter Begriff, obwohl nach einhelliger Meinung die Veranstaltung gut gelungen ist. Danach gilt es, meine Ausrüstung zu vervollständigen. Ich schockiere also den Nachschub mit meiner Materialliste und erhalte diverse Ausrüstungsgegenstände. Der Kamerad Versorger begibt sich auf die abenteuerliche Suche nach Artikeln wie „Maske, kampfwertgesteigert" und „Signalpfeife". Ich bin gespannt...
Beim S1-Feldwebel lege ich einen Russisch-Einstufungstest ab, den ich vor dem Mazedonien-Abenteuer angefordert hatte. Bei den ganzen Fragebögen sehe ich keine Sonne und kreuze beschwingt drauf los. Es geht schließlich nichts über multiple choice.

Einsatzvorbereitung, Teil II – Doppelt hält besser

Samstag, 13. Oktober 2001

Statt zum Klassentreffen nach Hohenstein-Ernstthal fahre ich zur Einsatzausbildung ins malerische Eggesin. Über eine holprige A 11 gelange ich nach Prenzlau, und in Torgelow beginnt das Unheil. In dem Gewirr von Absperrungen und Umleitungen verfranze ich mich total. Zu meiner eigenen Überraschung finde ich schließlich doch noch die Ortschaft Eggesin, jedoch nicht die Kaserne. Die Bevölkerung lotst mich zu einer Artilleriekaserne vor der Stadt, die jedoch nicht mein Reiseziel darstellt. Von dort schlage ich mich nach Eggesin zur Vorpommernkaserne durch, in der ich mich ja laut Versetzungspapieren melden soll. Aber dort will man mich nicht! Ich muss stattdessen in die Greiffenkaserne nach Torgelow!!! Sehr interessant. Diese erreiche ich im Schlepptau des örtlichen Militärs etwa zweieinhalb Stunden später als geplant. Erleichtert treffe ich hier endlich meine Kameraden, die prompt eine Lageänderung berichten können: Unser Flugtermin ist durch das Luftwaffenführungskommando um eine Woche VORverlegt worden. Meine dunklen Vorahnungen scheinen sich nach und nach zu bestätigen.

Den üblichen Verfügungszeitraum zum Erledigen privater und administrativer Angelegenheiten vor einem Einsatz („Kuschelwoche") werden wir wahrscheinlich auch im Kameradenkreise genießen dürfen - in Skopje. Nachdem bei diesem Hickhack jeder Grundsatz vernünftiger Menschenführung mindestens zweimal mit Füssen getreten worden ist, sinniere ich schon mal heimlich über drastische Maßnahmen, die meinem Zorn Ausdruck verleihen könnten.

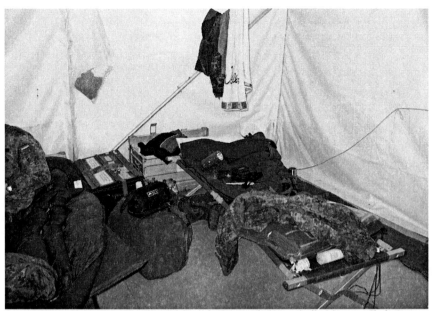

Trautes Heim, Glück allein! Durch zweckdienliche Raumaufteilung schafft sich unser Chef mit Bordmitteln ein geradezu dekadentes Maß an „Privatsphäre", hier im Camp Fox.

Sonntag, 14. Oktober 2001

Der Tag beginnt nachts um 0620 mit einem Frühstück, auf das ein Antreten folgt. Statt der erwarteten 180 sind irgendwie nur ca. 70 Menschen versammelt. Wir ergötzen uns zunächst an einer Sicherheitseinweisung, danach folgt zum Wachwerden der Unterricht „Umgang mit Medien". Thema und Begrüßungsfloskel kommen einem irgendwie bekannt vor: „Ich bin kurzfristig herbefohlen worden..." Ein mieses Mittagessen in Form einer Gyros-Imitation, die in einem früheren Leben wohl ein Schnitzel war, fügt ein weiteres Steinchen ins Mosaik. Der erneute Rechtsunterricht verdreht die vorhandenen Kenntnisse nochmals und ist qualitativ in keinster Weise mit dem Vortrag aus Heide zu vergleichen. Spannend ist, dass das Heeresführungskommando einen dreisprachigen Anruf zwingend vorschreiben will, bevor geschossen werden darf. Dieser „ist nach Möglichkeit zu wiederholen." In einer lebensbedrohlichen Situation noch Verse in drei verschiedenen Sprachen abzusondern erfordert schon einen erheblichen Mitteilungsdrang – und eine Prise Todesverachtung. Leutnant M schlägt die Umbenennung des G36 in KURT vor (Kill Utility for Random Targeting). Die abschließende Mazedonien-Einweisung durch den G2-Offizier kann wenigstens über die aktuelle Lage in FYROM informieren. Zuständig für die Planung des ganzen Einsatzes nebst Ausbildung zeichnet jetzt das Deutsch-Amerikanische Korps. Dessen Interpretation von moderner Menschenführung teilen wir nur bedingt.

Montag, 15. Oktober 2001

Wir reisen nach dem Waffenempfang auf den Truppenübungsplatz, wo wir umfassende Stationsausbildung genießen. Selbstverständlich umfasst sie exakt diejenigen Ausbildungsabschnitte, die wir bereits in Heide abgehakt haben. Insgesamt ist die Veranstaltung dennoch interessant, weil die Ausbilder sehr fantasievoll und engagiert zu werke gehen. Manchmal auch etwas übereifrig, wie man beim Waffendrill erfahren muss... Beim Pistolenschiessen erreiche ich entscheidende Fortschritte, obwohl mir die Waffe immer noch nicht sonderlich liegt.
Die motivatorischen Glanzleistungen unserer vorgesetzten Dienststellen füllen auch heute ein eigenes Kapitel. So erfährt Major Tom durch einen Anruf bei seinem Stellvertretenden Kommandeur beiläufig, dass er am 23.10.2001 seine Staffel an Major G zu übergeben habe?! Frei nehmen vor dem Abflug? Denkste!!! Erst schicke man ihn Hals über Kopf nach Mazedonien, dann nehme man ihm klammheimlich sein Kommando...

Dienstag, 16. Oktober 2001

Wir erleben Ausbildung im Marsch mit Kfz. Unsere Kolonne sieht diesmal auch wie eine solche aus, da sie aus einem MTW (Transportpanzer) und 4 Lkw 2to Gl besteht. Unterwegs werden verschiedene Lagen mit „einheimischer" Bevölkerung dargestellt, die ich optisch diesmal alle gut erkennen kann: Ich bin nämlich MG-Schütze auf dem Schützenpanzer.

Im Laufe des Tages erscheinen höher bezahlte Autoritäten zur Dienstaufsicht. Dabei beweist Generalmajor K bei der Sandkasteneinweisung für eine weitere Patrouille sowohl Spracheloquenz als auch eine gewisse kommunikative Standfestigkeit. Bei der Schiessausbildung am Nachmittag begeistert uns vor allem die Station Handwaffendrill. Endlich wieder angeschrien werden – darauf haben sich vor allem unsere Stabsoffiziere schon tagelang gefreut. Nicht nur die schießbegleitende Ausbildung offenbart digitale Denkstrukturen der erdverbundenen Teilstreitkraft. Als wir nach der Abendverpflegung aus der Kaserne wieder zurückkommen, erhalten wir eine Belehrung wegen der 10min Verspätung, die durch unsere nächtliche Busirrfahrt entstanden war. „Meine Herren, wir haben keine Zeit!" So muss es wohl sein. Denn ob wenig später sowohl die schießbegleitende Ausbildungsgruppe als auch das schießende Teilkontingent um 2140 beide fertig sind oder nicht, ist völlig unerheblich. Der Stationswechsel findet wie befohlen um 2200 statt. Basta. Da interessiert es nur am Rande, dass später das letzte Rennen sein Schiessen wird abbrechen müssen, als dichter Nebel aufzieht. Jaja, die Zeitfrage…

Die folgende Nachtpatrouille mit realitätsnahem Kfz-Unfall ist äußerst lehrreich. Unser Lkw rammt ein parkendes Auto und sorgt damit bei den Auszubildenden für echte Verunsicherung. Ich beobachte fröstelnd aus der Position des MG-Schützen, wie meine Kameraden unter surrealen Lichtverhältnissen versuchen, die Unfallstelle zu sichern und die erstklassig zurechtgeschminkten „Verletzten" zu versorgen. Während zeternde „Verwandte" den Jungs das Leben schwer machen, wollen einige „Passanten" die Gunst der Stunde nutzen und flugs ein unbeobachtetes Fahrzeug plündern. Leider darf, Verzeihung, zum Glück muss ich niemanden erschießen...

Später in der Nacht wird der Waffendrill bei verschiedenen Lichtstufen diesmal deutlich professioneller durchgeführt, wodurch sowohl Lern- als auch Spaßfaktor deutlich steigen.

Mittwoch, 17. Oktober 2001

Auf der Schiessbahn angekommen, stellen wir fest: Noch kein Mensch hier. Die Rückfahrt zur Klärung bei der OPZ ergibt: Die durchführende Kompanie wurde durch ihre Bataillonsführung nicht informiert! Innerhalb einer guten Stunde stampfen die Kameraden jedoch ein hervorragendes ROE-Programm für den Vormittag aus dem Boden. Wir erhalten Einweisungen im praktischen Gebrauch von Löschmitteln und dem Vorgehen im brennenden Gebäude. Eine kurze Mitfahrt im Schützenpanzer Marder schindet mächtig Eindruck.

Am Nachmittag konzentrieren wir uns auf das Thema Minen und Sprengfallen. Der vorbereitete Pionierlehrpfad erschreckt uns durch häufige Detonationen. Auch offenen Auges lösen wir in dem präparierten Geländeabschnitt jede vorbereitete Sprengvorrichtung aus. Das sorgt für ein ziemlich flaues Bauchgefühl, das sich auch bei den folgenden Lektionen nicht bessert. Was tun, wenn man in einem Minenfeld steckt? Schlimmstenfalls muss man vor jedem einzelnen Schritt die Bodenbeschaffenheit auch unter der Oberfläche prüfen, notfalls mit dem Taschenmesser. Das Stechen so einer Trittspur ist aber sehr langwierig und offensichtlich eine Tortur. Ein Grund mehr, erst gar nicht in ein Minenfeld zu geraten. Wenn einen die Mine nicht umbringt, dann stochert man sich wahrscheinlich ins Jenseits.

Ein positiver Punkt für die Moral: Major Tom muss seine Staffel doch noch nicht übergeben. Unser Geschwader-Kommodore Oberst vS ist jedenfalls der Meinung, dass diese Maßnahme warten kann. Der Zugabend besteht im Wesentlichen aus dem Verzehr kaum genießbarer Fleischprodukte mit Gummipommes, noch gesteigert durch den Bezahlmarathon. Nach eineinhalb Stunden ist auch der Letzte fertig.

Donnerstag, 18. Oktober 2001

Ein kompletter Tag mit Sanitätsausbildung. Der Vormittag ist geprägt von stupider Theorie, unterbrochen von 3minütigen Sessions an „Üb"-Verwundeten. Nachmittags wandern wir von Station zu Station durch ein interessantes Lageprogramm. Vom Handgranatenanschlag über den Autocrash bis hin zum Grillunfall ist alles dabei. An diesen Stationen offenbaren die Luftwaffenteams nach Aussagen der Ausbilder eine erstaunliche Effektivität. Im Gegensatz dazu bleibt die Zusammenarbeit in den Heeresgruppen deutlich steigerungsfähig. Markantes Zitat eines Oberstleutnants (OTL): „Geben Sie mir Ihre Handschuhe, Herr Obergefreiter, damit ich handlungsfähig bin."

Nachdem Siggi eine Freistellung für seine Hochzeit verweigert wird, schickt ihn Major Tom kurzerhand nach Hause: „Geh heiraten, ich regle hier den Rest." Als die Ausbildungsleitung davon Wind bekommt, ist man ob des unerhörten Vorganges erzürnt. Major Tom weist darauf hin, dass man Siggi zwar durchaus festnehmen könne, aber dann auch davon ausgehen müsse, dass eine Geschichte dieser Tragweite „vermutlich" noch am selben Tage ihren Weg in die Medien fände. Im Ergebnis der folgenden Beratung wird Siggi als 5000. Teilnehmer der KR- Ausbildung ausgezeichnet und erhält deswegen (!!!) einen Tag Sonderurlaub. Dinge gibt's...

Den Abschluss des Tages bildet der Generalmajor L (II. Korps), der uns verabschiedet. Er bringt den Begriff „6 Monate" als voraussichtliche Einsatzdauer ins Spiel, was uns nicht amüsiert. Schließlich hatten wir uns von ursprünglich 3 Wochen schon auf 3 Monate gesteigert, aber warten wir mal ab, wie sich das weiter entwickelt... Wichtig ist es, sich in schweren Zeiten an positiven Dingen aufzurichten. Hptm L schlägt vor, mit Blick auf etwaige Gefahrenzulagen den „100.000 Mark-Club" zu gründen. Die Vereinssitzungen sollen dann jede Woche in einem malerischen Weindorf am Ohridsee stattfinden.

Freitag, 19. Oktober 2001

Der Reisetag bringt endlich den Abschied aus Eggesin, der (un)heimlichen Kasernenhauptstadt Deutschlands. Dies allein ist Grund zum Jubeln und weckt Mitgefühl für Generationen von DDR-Bürgern, die einst in dieser industriell und freizeitgestalterisch eher unterprivilegierten Gegend ihren Ehrendienst abgeleistet haben. Das deutsche Heer beweist geistige Beweglichkeit: Akkurat wird vor dem Unterkunftsgebäude erst mal die Ausfahrt zugeparkt. Getreu der Maxime „Breit fahren, schmal denken!" Unter Missachtung von Beschilderungen mit dem irreführenden Begriff „Einbahnstraße" gelangen Luftwaffenkräfte trotzdem schneller aus der Kaserne.

Mittwoch, 24.Oktober 2001

Weil ich meinen (Sonder-)Urlaub bevorzugt in Kasernen verbringe, schaue ich doch mal in der heimischen Vördekaserne vorbei. Dort sehe ich nach den Dingen, die eigentlich von alleine laufen sollten. Meine neue ABC- Maske ist inzwischen tatsächlich vorrätig, und die Überprüfung mit dem Testgerät Portacount ergibt zu meiner Beruhigung: Ich bin noch ganz dicht. Ich treffe Axel S, der ebenfalls seinen Krempel zusammenpackt. Er regelt den Transport unserer Waffen, nachdem wir auch den Flugtermin erfahren (Montag morgen). Neben der ABC-Maske kann der Nachschub keine Erfolge vorweisen. Keine Schulterstücke, keine Trinkflasche, keine Trillerpfeife, schon gar kein Pistolenholster. Unter verstärktem Einsatz meiner Dienstgradabzeichen nötige ich den Nachschubmeister zur Herausgabe einer Taschenlampe. Plötzlich ist dieser auch bei der Regelung des Waffentransportes mit der Stabsstaffel äußerst kooperativ. Die Hilfe von Oberleutnant G als Chefvertreter benötige ich dennoch, da er auf der Kumpelebene die Beschaffung meiner Restposten einleitet.

Im Stabe sind die Fortschritte ebenfalls leicht zu überschauen. Der S1-Offizier hat hingegen kein Verständnis dafür, dass ich die geforderten Passfotos nicht auf eigene Kosten anfertigen lasse. Vor Ort seien nur S/W-Bilder möglich, das Heer wünsche aber Farbe. Mein Vorschlag, in den restlichen Tagen bis zum Abflug einen Soldaten zum Kolorieren der Fotos einzusetzen, stößt ins Leere. Außerdem ist der Foto-Bediener zufällig nicht da.

Die Sanitätsstaffel in Person eines Unteroffiziers indischer (?) Abstammung rammt mir eine Kinderportion Hepatitis-B-Erreger in den Arm. Dies geht jedoch nicht ohne einen Vortrag über die Wirksamkeit von Impfungen, insbesondere wenn ihre Wirksamkeit befohlen wird. Zur Horizonterweiterung erkläre ich dem jungen Kameraden, dass ich vom Arzt auslandsverwendungsfähig geschrieben wurde, ohne dass dieser auch nur ein Wort mit mir gewechselt hätte. Der aktenlagenbezogene Röntgenblick ist ein entscheidender Vorteil des Bw-Arztes!

Mit Oberleutnant C bespreche ich in der UHG die Ereignisse während meiner Abwesenheit. Ich komme zu dem Schluss, dass ich in

Mazedonien ein echtes Zuckerschlecken haben werde, solange ich heil bleibe. Ich bin zumindest nicht der Einzige, der sich „aus fehlerhaften Informationen ein falsches Weltbild" zusammensetzt. So hatte jedenfalls der Vorwurf meines Kommandeurs Oberstleutnant O bei unserem Vier-Augen-Gespräch zum Ausbildungsstand und den dienstlichen Prioritäten in unserem Verband gelautet. C findet es bemerkenswert, dass mein Mazedonien-Einsatz so kurze Zeit nach jenen unliebsamen Äußerungen auf mich zukam. Ein Schuft, wer Böses dabei denkt...

Zuhause treffen die ewigen Gegenspieler der Militärgeschichte erneut aufeinander: Soldat und Technik. Ich erleide jämmerlich Schiffbruch bei dem Versuch, mein Handy als Modem für meinen Laptop einzusetzen. Damit reihe ich mich ein in die große Gruppe der marginal Erfolgreichen dieses Tages.

Freitag, 26. Oktober 2001

Ein erneuter Besuch in der Kaserne zur Abholung der Personalunterlagen bringt eine nette Überraschung: Der komplette S1-Bereich ist mal eben zu den Waldlaufmeisterschaften ausgerückt! Die Herren vom Nachschub dagegen haben inzwischen auch Mut getankt und meinen doch tatsächlich, ich müsse ja gar keine Waffen in den Einsatz mitnehmen, weil die ja vor Ort gestellt würden. In meiner hilfsbereiten Art weise ich die Kameraden in Grundzüge des Satzbaues der deutschen Sprache ein, wodurch das Verständnis schriftlicher Befehle deutlich verbessert werden kann. Dass die Versorgungsmitarbeiter den vorliegenden Befehl eines Drei-Sterne-Generals „sicherheitshalber" noch Oberleutnant G zur Prüfung vorlegen wollen, bringt mich dann doch zum Lachen. Wer soll denn bitteschön ein Dokument aus dieser Befehlsebene noch „absegnen": Wirklich der Vertreter des Staffelchefs oder vielleicht doch besser der Papst?

Die von Oberleutnant G angeleierten Versorgungsgüter sind „im Zulauf", aber erst gegen 1115. Ich zeige wenig Begeisterung, bis zum Dienstschluss in der Kaserne abzuhängen. Also bitte ich, die Artikel dem zum Waffentransport eingesetzten Soldaten zu übergeben, damit ich sie am Reisetag mitnehmen kann. Auf dem Weg nach draußen greife ich beim S1 doch noch die Akte ab. Ich erhalte auch die Auswertung meines Sprachentestes: 97 von 200 Punkten. Gar nicht mal übel in Anbetracht des Testablaufs, aber für eine fundierte Sprachausbildung wiederum ziemlich mies. Kurz vor 1100 bin ich endlich aus der Kaserne raus, so dass ich noch Bankgeschäfte erledigen kann. Abends trifft mich der Schlag: Inzwischen residiert in meinem Haus auch mein ehemaliger Crewchief Stabsunteroffizier S! Der Hund seiner Freundin führt ihn gerade Gassi, als wir uns über den Weg laufen. Das Leben geht eben weiter. Nur bekommt man davon nicht übermäßig viel mit, wenn man sich in solchen Metropolen wie Heide oder Eggesin aufhält.

Sonntag, 28.Oktober 2001

Das abschließende Verpacken der Ausrüstung wird zum Erlebnis. Irgendwie komme ich überhaupt nicht vorwärts. Ich quetsche die Klamotten hin und her, weil ich in Ermangelung weiterer Arme kein viertes Gepäckstück mitnehmen will. Aber bei voraussichtlich sechs Monaten Wintereinsatz hat man einiges an Equipment dabei, die persönlichen Mitbringsel noch nicht inbegriffen... Ich finde die CD-Rom zur Überspielung von Digitalfotos an den Rechner nicht, wodurch sich die Zahl meiner Fotos im Einsatz auf satte 109 beschränken könnte. Super! So viele Bilder machen andere in 2 Stunden. Der Abschluss meiner Aktivitäten erfolgt um 2300.

Willkommen im Camp

Montag, 29. Oktober 2001

Wenn man um 0240 aufstehen muss, ist der Tag schon gelaufen. Ich erreiche die Vördekaserne um 0345, vom erwarteten Fahrer ist jedoch nichts zu sehen. Zum Abfahrtermin taucht er doch tatsächlich in der Kaserne auf. Mit dreißig Minuten Verspätung geht es dann auf die Piste. Nach einem Beinahe-Unfall dank unerschrockener Fahrweise eines entgegenkommenden Kfz erreichen wir mit gesundem Adrenalinpegel den Fliegerhorst Wunstorf. Um 0630 sind wir die einzigen beim Luftumschlagszug, aber nach und nach treffen meine Kameraden ein. Ich stelle fest, dass ich der einzige Depp mit Splitterschutzweste bin. Die voll korrekte Bristol-Weste gibt es erst im Einsatzland, aber nicht im Tausch. So soll es jedenfalls in einem der Befehle „von oben" geregelt sein. Wer lesen kann, ist offensichtlich im Vorteil...

Die anwesenden Kurzhaarträger von der Marine (!) überraschen uns, vor allem mit der Frage: „Müssen Sie heute unbedingt nach Mazedonien? Mein Zug geht dort sofort in die Sicherung!" Ja, wir müssen. Auch wenn man uns schon wieder bei irgendeiner Planung vergessen hatte. Das Transportflugzeug Transall wird bis auf den letzten Platz gefüllt, drei Soldaten müssen sogar ins Cockpit?! Mein Sitzplatz gegenüber der Mülltonne erweist sich als pole position: Hier kann ich nicht nur die Beine ausstrecken, sondern auch mit R und K stundenlang unbehelligt Skat spielen.

Der Landeanflug auf das Aerodrom Skopje-Petrovec weckt bei den FlaRakern gegen 1330 Erinnerungen an das texanische El Paso: Rote Hänge, kein Bewuchs, gleißender Sonnenschein. Nach dem Aussteigen warten wir zunächst in der Herbstsonne, bis unvermittelt die Bundeswehradministration mit ganzer Härte zuschlägt.

Hinter dem Begriff „Inprocessing" versteckt sich eine gewaltige Daten-Sammelaktion. Hier noch ein Formular, da noch ein Foto, dort noch mal unterschreiben. Zwischenzeitlich versucht mich ein leicht verstrahlter Hauptbootsmann ob meiner teilgeladenen Waffe anzumachen, ist aber sehr beleidigt, als ich darauf nicht anspringe. Bei eingeführtem Magazin kommt halt kein Staub in mein Gewehr. Das ist mir wichtiger als die „AGB's" am Flughafen, die ich als Ignorant mal wieder nicht gelesen habe...

Wir verladen unser Gepäck auf seltsame Fahrzeuge: Die Bw-Autos sehen aus wie aus Mad Max III. Es hatte in der Vergangenheit offensichtlich Steinwürfe gegeben, und so wurden die Lkw und Pkw mittels Maschendraht an den Fenstern zusätzlich gesichert. Im Lager, das sich außerhalb der Stadt an einer Autobahn befindet, beziehen wir zwei Zelte (37 und 40).

Die Zeltstadt im Camp Fox: Unterkunft der meisten deutschen Soldaten in Mazedonien.

Wir stellen fest, dass dieses Lager wesentlich besser ausgestattet ist als wir erwartet haben: Geschotterte Wege, Terrassenbauweise gegen Regengüsse, Warmwasser in Duschcontainern und ein gigantisches Abendessen im Speisezelt. Ich versuche mit Oberfeldwebel G, die Dieselkanister unseres Heizgerätes gegen eine etwaige unerlaubte Dislozierung durch griechische Soldaten zu sichern. Wir ketten die Wärme verheißenden Spritbehälter schließlich stumpf an, was sich als nützlich erweist. Dabei bin ich Axel sehr dankbar für seine Reaktionsschnelligkeit: Auf die Frage nach einer Zange zückt er seinen „Leatherman" schneller, um ihn anschließend von Oberfeld G als Bausatz wiederzubekommen. Ein Vorhängeschloss hatte sich als ziemlich widerstandsfähig erwiesen...

Die abendliche Einweisung durch den Führer der Liaison-Teams, der gleich eine Runde Bier schmeißt, ist interessant. Unser Einsatz sieht denn doch noch anders aus, als wir gedacht hätten. Was für eine Überraschung?! Wir sollen hier niemanden begleiten, sondern eine ständige Präsenz der NATO in den Kampfgebieten darstellen. Zu diesem Zwecke verlegen wir DAUERHAFT in je eine der 5 Zonen, in die die Berge Mazedoniens durch die Task Force Fox gegliedert wurden. Während Gostivar im Südwesten durch die räumliche Nähe zu unserem Weindorf am Ohridsee und die Unterbringung in einer Diskothek (!) besticht, hat es einen deutlichen Nachteil: Es gibt keine Heizung. Dort „arbeiten" italienische Teams, die bei Oberstleutnant (OTL) G bisher hauptsächlich durch Gejammer aufgefallen sind (kein Pizzaofen, keine Heizung, und überhaupt: immer diese teutonische Hektik). Südlich von Tetovo arbeiten spanische Teams, Tetovo und den Norden bearbeiten französische Gruppen. Das besondere Highlight bildet die UCK-Hochburg Radusa, die durch ihre geografische Lage am Sackende eines schmalen Längstales nur über eine einzige Straße erreicht werden kann, und auch dies nur beschwerlich. Die Bundeswehr stellt mit den Portugiesen das Liaison-Team, welches frei nach Karl May lebt wie „Unter Geiern". Die 4 deutschen Beobachter müssen spätestens nach 6 Wochen ausgewechselt werden, weil sie dort sonst jeglichen politischen Realitätsbezug verlieren. Die Ablösung kommt dann aus der Großstadt Skopje, quasi als belohnender Kulturschock für beide Seiten! Im Nordosten liegt Kumanovo. Hier hat sich die mazedonische Armee von Osten her an das Gebirge vorgekämpft, so dass die alte Frontlinie noch spürbar die Menschen trennt: An den Hängen im Westen die Albaner, im Osten die Mazedonier. Hier befinden sich dank der Waffen-Sammelaktion „Harvest" auf jeder Seite der Frontlinie drei polnische Teams unter Führung eines deutschen FLT. Der Begriff FLT wurde übrigens gewählt, weil der ursprüngliche Terminus „Monitor & Liaison Team" unseren Heereskameraden „zu sehr nach Abstandsaufklärung" klang. Jetzt wird die Aufgabe tatsächlich treffend beschrieben. Die Deutschen arbeiten und LEBEN direkt am Schauplatz: In einem albanischen Wohnhaus und in einer Armeekaserne jeweils direkt hinter der Frontlinie. OTL G bestellt uns zur exakten Einweisung am nächsten Tage um 1030 ein.

Nach dem Briefing entscheiden wir uns noch für eine Pilssuppe im Betreuungszelt. Diese kleine Sünde wird sofort bestraft. In der Zeltkneipe ist die vorhandene Restluft kaum durchschaubar, die Stimmung ist toll. Vor allem bei den „Abfliegern", die sich im Vorgefühl des baldigen Heimfluges sinnlos die Kante geben. Neben mir erleiden zwei Stabsunteroffiziere lautstark den Verlust der Muttersprache, was an einem Pseudochoral „Am Ufer der Donau" deutlich wird. Beim dritten Intonationsversuch überlege ich, ob es sich hier vielleicht um besagte Radusa-Veteranen handeln könnte. Der fortgesetzte Alkoholkonsum zu meiner linken nötigt mich zum Gehen, zumal dort das Erreichen der Stufe 10 (Unkontrollierter Austritt von Körperflüssigkeiten) bevorzustehen scheint. Etwas ernüchtert, aber schön kuschelig endet der Tag auf den Feldbetten in heimeligen Zelten. Das es so was noch gibt...

Dienstag, 30. Oktober 2001

Dem Morgen graut in Erinnerung an den gestrigen Abend: Ich erwache mit animalisch gesteigertem Harndrang. Während ich im Dunkel nach meiner Ausrüstung fingere, entschließe ich mich, die Morgenstunde gleich zum Duschen zu nutzen. Im Duschcontainer stelle ich fest, dass ich mit dieser Idee nicht unbedingt allein bin in diesem Feldlager. Immerhin muss ich nach befreiender Blasenleerung nur 5 Minuten warten, bis ich in eine der Duschkabinen kann. Dort genieße ich heißes Wasser und bin erstaunt über zusätzlichen Service: Sogar ein Föhn befindet sich im Container. Sollte sich die Bundeswehr tatsächlich auf dem Wege der Besserung befinden? Stolz berichte ich im Zelt von meiner Erfahrung, was mir im Anschluss die Missgunst meiner Kameraden einbringt. Oberfeldwebel G erlebt die Wassertemperatur als knapp über dem Gefrierpunkt, Leutnant R findet gar keine Fluids mehr vor. Die Wiederbeschaffung des Wassers in einem anderen Container kann die Situation wieder entspannen. Nach einem extrem leckeren Frühstück, bei welchem sage und schreibe 20 UNTERSCHIEDLICHE Backwarensorten reichlich angeboten werden, starten wir mit dem Empfang der kugelsicheren Bristol-Westen und der Munition in den Tag. Ich stopfe mir die Taschen mit 60 Schuss Gewehr- und 30 Pistolenmunition voll. Unbeholfen in der 18kg schweren Keramikweste umherwankend, erreiche ich schließlich das Zelt 37, wo kräftig aufmunitioniert wird. Schließlich geht es zum Briefing bei OTL G. Er hat entschieden, zunächst drei Teams in Gostivar und Kumanovo einzusetzen. Major B drängt unverständlicherweise auf Gostivar. Ist er ein heimlicher Discofreak? Oder will er doch nur zum Ohridsee? Das soll die Geschichte entscheiden. Major S entscheidet sich für Kumanovo Ost, wodurch unser Geschwader 3 ins Albaner-Dorf Lipkovo reisen darf. Auf diese Weise wird man sich wahrscheinlich häufiger sehen.

Im Verlaufe des Tages bereiten wir uns auf den Abmarsch vor. Erfreulicherweise zeigt sich die Abteilung MilGeo äußerst hilfsbereit, so dass ich mit einem Berg von Karten zu unserem Zelt zurückkehre. Wir übernehmen 5 Geländewagen „Wolf", die nach einer Instandsetzung (oder vielleicht: einer Wiederbelebung?) frisch lackiert bei uns auftauchen. Das Anbringen der hübschen grünen Großaufkleber „TFF" weckt den Modellbauer in mir. Allerdings nicht völlig, denn irgendwie lassen sich die Teile nicht blasenfrei anbringen. Major B begeistert nachhaltig seine Bediensteten. Als diese mit dem Anbringen des Reservereifens beschäftigt sind, will er zwanghaft auf eine überlackierte Fliege aufmerksam machen. Auch das Befreien der Insektenleiche mit anschließender Nahpräsentation vor den schweißgetränkten Untergebenen trägt ihm nicht die erhoffte Bewunderung ein: „Herr Major, bringen Sie doch schon mal die Aufkleber an, wenn Sie nichts zu tun haben!" Da wird der Stabsoffizier urplötzlich auf seine verschmutzten Hände aufmerksam, die zwingend einer sofortigen Reinigung bedürfen. Seinen Jungs ist das nur recht, denn in der Folge arbeiten sie wenigstens ungestört…

Am Abend sollen wir um 1930 vor dem Briefingraum erscheinen, um uns Anweisungen für den folgenden Tag abzuholen. Vor dem Betreten des Gebäudes erhält Siggi einen Anschiss vom S2-Stabsoffizier, weil er seinen TFF-Ausweis verloren hat. Ihm wird erst da schmerzhaft bewusst, dass an dem ungeheuer stabilen Clip auch noch sein Sicherheitsausweis hing, der jetzt ebenfalls fehlt. Das Briefing zieht sich in die Länge, so dass ich mit R auf einem Fernseher im Nebenraum VIVA gucken gehe. Der Plan, weitere Sender anzuschauen, schlägt fehl, da wir unabsichtlich den Receiver verstellen und so den kompletten Bildempfang abschneiden. Durch drei Wochen gemeinsames Training geschult, reagieren wir souverän auf Krisensituationen und verlassen den Ort des Geschehens betont unauffällig…

Unsere drei Stabsoffiziere lauschen unterdessen den Ausführungen des Brigadegenerals K, die sie später als äußerst hilfreich darstellen. So klingt dieser Abend im leeren Zelt 38 aus, welches unter gezügeltem Alkoholkonsum zum Partyzelt wird.

Mittwoch, 31. Oktober 2001

Nach dem Frühstück rücken wir mit einem kleinen Konvoi zu unserem Einsatzort aus. Die Führung hat ein italienischer EOD-Trupp (Explosive Ordnance Disposal – Sprengkörperbeseitigung), der durch ein Sicherungsfahrzeug und einen deutschen Sanitätstrupp im Transportpanzer Fuchs begleitet wird. Nach dem Passieren mehrerer Checkpoints diverser mazedonischer Sicherheitsorgane verschlechtert sich die Straße drastisch, statt mazedonischer Kräfte sieht man die roten albanischen Fahnen. Die sichtbaren Zerstörungen machen betroffen. Vielen Häusern fehlen die Dächer, Wände sind eingestürzt. Sie sehen aus wie Puppenhäuser, durchsiebt von Geschossen aller Kaliber. Insbesondere Matejce ist ein Schauplatz der Verwüstung. Ein ausgebranntes Panzerwrack am Rande des Marktplatzes zeugt von einem Vorstoß der mazedonischen Armee, bei dem insbesondere der Ostteil der Ortschaft schwer in Mitleidenschaft gezogen worden ist. Entlang der Hauptstraße sind von manchen Gebäuden nur noch kniehohe Grundmauern übrig. Auf dem Weg durch unser (nahezu 100% muslimisches) Einsatzgebiet sichten wir nicht eine einzige Moschee ohne Spuren von gezieltem Artilleriebeschuss.

Das Dorf Lipkovo wirkt für deutsche Augen schmutzig und verstaubt. Viele Gebäude sehen wie Rohbauten aus, aber Kriegsspuren sind auf den ersten Blick nicht zu erkennen. Scheinbar sind die meisten Bauernhöfe nicht umzäunt, sondern von hohen Mauern eingefriedet. Dadurch bewegt man sich auf Nebenstraßen zwischen den Höfen teilweise wie in einem Labyrinth, weil man nur

Wegen seiner strategischen Bedeutung war Matejce stark umkämpft.

nach vorn oder hinten weiter als drei Meter sehen kann. Wir erreichen schließlich abseits der Haupt„straße" unser künftiges Quar-
tier. Die Italiener und der Sanitätstrupp fahren weiter, um eine
Straße in den Bergen zu erkunden.

Wir werden von einem Hauptgefreiten empfangen, der uns das
Haus zeigt. Ich erkenne hier, dass unser Los doch gar kein schlech-
tes ist. Die Neuauflage des Ost-West-Konfliktes sieht mich diesmal
auf der richtigen Seite, denn: Das dreistöckige albanische Haus ist
richtig schnuckelig! Der Eigentümer hat vor seiner Flucht einen
Onkel als Hausverwalter eingesetzt, der nach dem Rechten sieht.
Im Haus leben auch die polnischen Teams. Auch diese sind für den
FLT-Auftrag eine interessante Wahl: Sie gehören zu den polnischen
Kommando-Spezialkräften! Während uns ein Oberfeldwebel in die
Lage einweist, geht ein Anruf ein: Minenunfall! Es hat unseren
Fuchs erwischt! Das geht gleich gut los. Zum Glück ist niemand

verletzt, nur die Vorderachse ist weggesprengt worden. Die Fahr-zeuge werden besetzt. In unserem sitzen der Oberfeld, Axel, ich und einer von zwei Hauptleuten aus Hammelburg, die für künftige Einsatzausbildungen Anregungen sammeln sollen. Wir fahren bei der sightseeing-tour durch unseren Aufgabenbereich nach Slupca-ne, um dort eine Zufahrtsstraße zum Minen-Unfall zu sperren. Kaum stehen wir am Dorfrand, quellen aus den mehr oder weniger zerstörten Häusern immer mehr Menschen hervor. Ich erzähle den ersten 20 Kindern, dass ich keine Schokolade dabei habe. Unser OFw unterhält sich mit den Männern aus dem Dorf und wandert schließlich ab, um sich eine Mine anzusehen, die die Leute auf der Straße hierher (!) entdeckt haben wollen. Ich erfahre von einem alten Mann die genaue Position einer Mörsergranate in seinem Garten: Keine 10m von unserem Auto entfernt. Ich kann ihn gerade noch davon überzeugen, dass er sie mir nicht herbringen muss. Während sich die Kinder für alles Mögliche interessieren, gehen die Leute nach und nach wieder zur Normalität über (Wie auch immer die aussehen mag...) Derweil erfreut uns der Hauptmann aus Hammelburg ungefragt mit Weisheiten, die er in drei Jahren Ausbildungsbetrieb gesammelt hat. Er hat quasi auch den Aus-landseinsatz erfunden. Schließlich übernimmt EOD unsere Positi-on, und wir sollen zum Marktplatz verlegen. Ein guter Plan. Wo ist der eigentlich? Nach einem kurzen Ausflug zum Dorfrand und einem Wendemanöver finden wir zwar den Marktplatz, nicht aber Siggi, der sich hier aufhalten soll. Vor Ort stellt sich eine Situation dar, die in der Ausbildung sofort eine Postenkette mit anschließen-dem Schusswaffengebrauch gefordert hätte: Das Auto ist sofort von Menschen umringt. Irgendwie will jeder loswerden, dass er schon mal in Deutschland gearbeitet hat oder dort jemanden kennt. Alle sind ausgesprochen freundlich, und wir werden von einem Herrn in Wiener Dialekt zugetextet. „Ruhig bleiben" ist irgendwie nichts für den Balkanmenschen, erklärt er lächelnd. Wir fahren dann zur Unfallstelle hoch, können diese jedoch nicht einsehen.

Hauptmann Hammelburg sorgt für Begeisterung, als er auf private Minensuche geht, indem er einen Hang hinunter schifft. Denn wie sagten doch unsere Minen-Ausbilder so anschaulich: „Sie haben einen harten Strahl? Detonation!" Nach der Rückkehr zum Haus fahren wir ins Camp zurück, um am nächsten Tage mit dem Rest der Ausrüstung endgültig zu verlegen. Major Tom möchte außerdem den „Alteingesessenen" beim bevorstehenden General-Besuch nicht die Show stehlen. Dabei schlägt die große Stunde des Hammelbürgers in Uniform, der den General erst mal darüber in Kenntnis setzt, dass wir für unseren Einsatz völlig unfähig seien.

Wir selber empfangen die Südgeschwader, die nach ihren Erkundungsfahrten ebenfalls im Camp ankommen. Sie werden sofort mit Gerüchten über Radusa eingedeckt, und wir als „Veteranen" prahlen mit wachsender Begeisterung von unseren 2 Tagen Erfahrung. Zusammen mit Siggi wundere ich mich über die Unmengen von Kindern, die in den ganzen Häusern leben. „Sowas passiert halt. Was willst Du hier auch anderes machen, wenn ständig der Strom ausfällt..."

Donnerstag, 1. November 2001

Nach dem Frühstück im Camp hirscht Axel zum Rechnungsführer, während ich tanken fahre. Mit einem Gepäck-Lkw im Sandwich reisen wir in Lipkovo an, wo wir unter dem Dach einziehen. Von dort aus erkundet Major Tom mit dem scheidenden Teamleader die Umgebung, während wir drei mit dem Oberfeld nach Skopje heizen. Dort inspizieren wir die Hauptquartiere KFOR Rear und Amber Fox an. Danach gehen wir noch ein wenig einkaufen in einem mazedonischen Supermarkt - zu gigantischen Preisen. Siggi zieht sich den Unmut des Geschäftsführers zu, weil er bewaffnet in der Tür herumsteht. Er lehnt auch das Angebot „Brauche tolle Mädsche?" entschieden ab, was der Mazedonier nicht versteht, da er eigentlich „Brauche Dolmetscher?" gemeint hatte. Später im Camp werden beim S2 unsere sogenannten Exception Cards umgeschrieben. Damit werden wir von den Bekleidungsvorschriften der restlichen Task Force befreit, so dass wir uns der jeweiligen Lage in unserem Einsatzraum anpassen können. Irgendwie will sich mir der Sinn der „Immer Helm auf nach Skopje"-Anweisung nicht völlig erschließen. Aber ich bin ja auch nicht beim Heer.

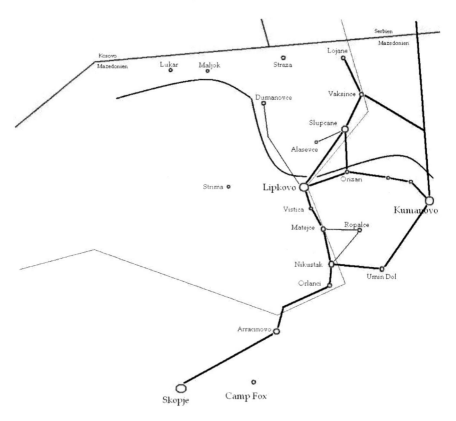

Kurzer Blick auf unser Einsatzgebiet, das im Süden bei Nikustak endet. (Nicht maßstäblich)

Zurück in Lipkovo gibt es zur Abwechslung mal Strom. So können wir uns bei Lichte den polnischen Gruppenführern vorstellen. Alle drei sind Warrant Officers. Diese auch in den amerikanischen Streitkräften wegen ihrer überlegenen Expertise hoch respektierten Fachleute stehen in der Hierarchie zwischen den Feldwebeln und den Offizieren. Tomasz, der Dienstälteste, spricht fließend Deutsch und kann sich damit ebenso wie Robert (Englisch) problemlos mit uns verständigen. Lediglich mit Artur müssen wir indirekt kommunizieren, entweder über seine Kameraden oder einen unserer ständigen albanischen Dolmetscher.

Wie sich bei dem zwanglosen Gespräch herausstellt, ist die vor uns liegende Mission auch für die Polen absolutes Neuland. Allerdings kennen sie sich als osteuropäische Kommando-Soldaten sowohl mit der Kampfweise der albanischen Rebellen als auch mit Ausrüstung und Taktik der mazedonischen Armee bestens aus. Mit diesem Pfund wollen wir wuchern.

Als Modus Operandi arbeiten wir einen offenen, freundlichen Umgang mit allen Interessengruppen in unserem Einsatzgebiet heraus, was uns mittelfristig als vertrauenswürdige Gesprächspartner etablieren soll. Dies gilt für Anwohner ebenso wie für Rebellen, für noch immer eingekesselte Armee- und Polizeikräfte oder für internationale Hilfsorganisationen. Wir werden im Einsatzgebiet keinerlei Ausweise oder Namensschilder tragen und uns ausschließlich mit dem Vornamen vorstellen. Dadurch passen wir uns den albanischen Gepflogenheiten an und wirken nahbar. Zum Schutz unserer Familien daheim erschweren wir damit der Organisierten Kriminalität auch das Ermitteln unserer Identität. Wenn wir im Rahmen unserer Mission jemandem auf den Schlips treten sollten, müssen so hoffentlich nicht Unschuldige dafür büßen. Außerdem müssen wir mit Nachdruck die Beseitigung von Minen und Blindgängern an den Zufahrtsstraßen vorantreiben, damit die Hilfsorganisationen und die internationalen Beobachter vernünftig arbeiten können. Wir sind mit 16 Soldaten zuständig für ein Gebiet mit möglicherweise bis zu 60.000 Menschen, von denen die meisten in zerstörten Häusern vegetieren. Und der Winter steht schon vor der Tür…

Tomasz leitet alle Gesprächsthemen an einen polnischen Offizier in Kumanovo zur Genehmigung weiter, denn trotz der deutschen Operationsführung gibt es zunächst kein militärisches Unterstellungsverhältnis zwischen den Deutschen und den Polen. Das polnische Unbehagen ist in diesem Zusammenhang historisch sicher verständlich, erschwert aber militärisches Handeln unnötig, vor allem in Krisensituationen. [Anmerkung: Einige Tage später philosophiere ich mit Tomasz in einer ruhigen Minute über denkbare Situationen, die keine Rücksprachen mit Kumanovo zulassen würden. Er nickt nachdenklich und verspricht, das Thema mit seinem Vorgesetzten zu beraten. Kurz darauf unterstellen sich die polnischen Soldaten offiziell dem deutschen Kommando.] Gemeinsam erkennen wir die Außenwirkung eines respektvollen Miteinanders auf die Konfliktparteien, von denen die Albaner den Deutschen vorbehaltlos vertrauen, während sich manche Mazedonier von der NATO um ihren militärischen Sieg gebracht sehen. Wenn Deutsche und Polen sichtbar gut zusammenarbeiten, können Albaner und Mazedonier dies nicht vielleicht auch?

Daher bitten wir unsere Kameraden um aktive Mitarbeit. Als Fla-Rak-Offiziere sehen wir unsere Autorität durch fremdes Fachwissen nicht bedroht, sondern bereichert. Auch dies scheint für die polnischen Soldaten eine neue Erfahrung zu sein. Zum Tagesabschluss gibt es schließlich ein gemeinsames Pils mit allen Soldaten.

Die ersten Schritte

Freitag, 2. November 2001

Morgens holt Siggi den vom UNHCR gesponserten Schulbus am Checkpoint ab, um ihn von Lojane nach Kumanovo zu begleiten. Außer den Grundschulen gibt es keine Bildungseinrichtungen in den albanischen Dörfern. Für weiterführende Ausbildung müssen die Kinder in die Großstadt fahren, was jeden Tag ein neues Abenteuer darstellt. Entlang des Weges drohen an zahllosen Straßensperren Schikanen oder Kurzschlussreaktionen von gelangweilten Soldaten, frustrierten Reservisten, nervösen Streifenpolizisten und so weiter. An einem mazedonischen Kontrollpunkt unterhält sich Siggi mit Soldaten, die sich offensichtlich die Sitzregion abfrieren, während sie befehlsgemäß aberwichtige Fahrzeugkontrollen vornehmen. Nicht nur deshalb ist die Stimmung zunächst etwas unterkühlt: In diesem Sektor hat die UCK zum Teil in deutschen Tarnuniformen gekämpft! Deshalb sind die Mazedonier uns gegenüber besonders misstrauisch.

Mit diesem Problem kämpfen auch Axel und ich während unserer Erkundungsfahrt. Als vertrauensbildende Maßnahme steigen wir trotzdem bei jedem Kontrollpunkt aus und sprechen mit den anwesenden Soldaten und Polizisten. Nach unserem dritten Stopp graut Axel schon vor dem Moment, in dem ihm eine Zigarette angeboten wird. Er macht gute Miene dazu, obwohl ihm das fragwürdige Balkan-Kraut ein gehöriges Maß an Körperbeherrschung abzuverlangen scheint. Was tut man nicht alles für ein bisschen Frieden.

Auf den Brachen und an den Hängen sehen wir immer wieder frei laufende Ziegen und Kühe, zum Teil sogar kleine Herden. Ein paar Pferde und ein Rudel wilder Hunde vor Nikustak runden das Bild ab. Die hohe Zahl von Tierkadavern entlang unserer Strecke erinnert jedoch ständig an die überall lauernde Gefahr. Die toten Pferde und Kühe sind wahrscheinlich während der Kämpfe entlaufen

Jeder Ort kann eine böse Überraschung bereithalten. Neben (mehr oder weniger cleveren) Waffenverstecken ist unser Gebiet übersät mit Mörser-Blindgängern und Panzerfaust-Geschossen an allen erdenklichen Stellen. Kein Gebäude, Feldweg oder Acker ist unbedenklich. Dass die Sprengkörper in der Landschaft vor sich hin rosten, erleichtert die Arbeit des EOD keineswegs. Außerdem werden bei heftigen Niederschlägen oberhalb der Bergstraßen immer wieder Minen freigespült und auf bereits geräumte Wege geschwemmt. „Sicherheit" gibt es nicht.

und später auf Minen oder Blindgänger getreten. Einige Äcker müssen geradezu verseucht sein, aber auch Betonpisten und Teerstraßen geben leider nur ein trügerisches Gefühl der Sicherheit. Als gegen Mittag der italienische EOD-Trupp zu uns stößt, kommen wir bei der Erkundungsfahrt nicht weit. Hinter Slupcane hält das Führungsfahrzeug plötzlich an: Mitten auf der Straße stecken Leitwerke von Mörsergranaten im Asphalt! Hier müssen wir jederzeit die Augen offen halten.

Im HQ bekommen wir Besuch von der OSCE (OSZE) aus Kumanovo. Wir übersetzen die Abkürzung frei mit „Organization for Spreading Confusion in Europe", was uns aber niemand krumm nimmt. Bei ihnen stehe NATO schließlich auch für „No Action, Talking Only". Die Fremdenlegion schaut in Gestalt zweier Soldaten vorbei, die sich über die Minenlage in der Region informieren. Die ist nicht wirklich gut: Das Wegesystem auf unserer Wandkarte gleicht einem roten Spinnennetz, nur vereinzelt unterbrochen von einer blauen, also unbedenklichen Linie. Abends erleben wir einen wirklich wirksamen Stromausfall. Im Dunkeln ist besonders gut munkeln, in der Kälte ist vor allem gut frieren: Mit dem Strom gehen auch Wasser und Heizung. Volltreffer. Das Bedürfnis nach einem einsatzbereiten Stromaggregat (SEA) steigt an.

Der philosophische Tages-Rückblick hat die Gefahren unseres Einsatzes zum Gegenstand: Jedes Schlagloch, jede Cola-Dose oder weggeworfene Zeitung auf der Straße kann etwas Explosives verdecken und sorgt deshalb für erhöhten Puls. Aber auch unsere Mitmenschen sind durchaus nicht alle vertrauenswürdig.
Die NATO-Mission soll nämlich die Rückkehr zur Normalität überwachen, was auch eine Auflösung der Checkpoints bedeuten würde. Allerdings gibt es auf beiden Seiten der Frontlinie Kräfte, die gar kein wirkliches Interesse an einem Ende der Repressalien für die albanische Bevölkerung haben. Manch mazedonischer Re-

servist hat plötzlich ein geregeltes Einkommen, das er durch die Schmiergelderpressung bei jeder Fahrzeugkontrolle noch erheblich aufbessern kann. Auf der albanischen Seite machen zwielichtige Händler und Schmuggler das Geschäft ihres Lebens, weil ein Großteil der Bevölkerung auf sie angewiesen ist! Insbesondere im Norden sticht mir ins Auge, dass die reichsten Männer scheinbar weder Landwirtschaft noch sonst ein ersichtliches Gewerbe betreiben. Für auffällig teure Autos und zum Teil mehrere „Leibwächter" scheint ihr Einkommen dennoch auszureichen. Womit werden sie ihr Geld verdienen? Zufällig enden in der Nähe ihrer Gehöfte die Schleichwege Richtung Grenze. Ein Schuft, wer Böses dabei denkt...

So wie es unter hundert Schafen mindestens zwei schwarze gibt, verbergen sich unter den vielen ehrlichen, leidgeprüften Menschen in unserem Sektor auch einige sehr unangenehme Zeitgenossen. Und als zimperlich ist die albanische Mafia nicht bekannt.

Was lernen wir daraus? Für eine den Balkan-Gepflogenheiten angemessene Demonstration der Stärke haben wir weder den Auftrag noch genügend Männer. Wir müssen also eine Aura der Unbesiegbarkeit schaffen. Dazu verzichten wir auf die kugelsicheren Westen und suggerieren durch leichte Bewaffnung: „Wir haben keine Angst und kommen in Frieden." Da man an der Gefahr ohnehin nichts ändern kann, verdrängt man den Gedanken an mögliche Konsequenzen am besten gleich ganz. Stattdessen geht man wie selbstverständlich auf Menschenansammlungen und fragwürdige Figuren zu, bevor diese überhaupt auf dumme Gedanken kommen können. Ich lächle zwar immer freundlich, aber meine Pistole ist auch jederzeit schussbereit. „Fearless, not careless", sagt man ja so schön. Meine Bristol vermisse ich beim „Bad in der Menge" nicht: Was nützt schon eine kugelsichere Weste, wenn Dir jemand in den Kopf schießt?

Samstag, 3. November 2001

Um 0515 stehen wir auf, um die Busroute bis Lojane auf Sprengkörper abzusuchen. Wir unterhalten uns mit den dort Wartenden sehr nett. Der Bus kommt mit etwas Verspätung an, aber insgesamt 60 Leute wollen dennoch mit. Begleitet wird die Fahrt durch ein OSCE-Fahrzeug und ein polnisches Team aus Kumanovo. An einem Polizei-Checkpoint wird ein Mann in einem Taxi aufgehalten, der ins Albanergebiet will. Wir bringen ihn denn hin, sogar mit dem Einverständnis der Polizisten, die scheinbar nur den Bus passieren lassen dürfen. Nach der Rückfahrt versuchen wir uns im Halbdunkel am Frühstück, das noch in Lipkovo zusammengekauft wird. Die Ortschaft ist von den Kämpfen nahezu verschont geblieben, was die Einwohner dem nahen Stausee verdanken. An den dortigen Generatoren hängt auch die Stromversorgung der mazedonischen Großstadt Kumanovo. Im Gegenzug für eine Sicherheitsgarantie für das Dorf Lipkovo hatte die UCK versprochen, die Stromanlagen nicht anzutasten. Beide Seiten haben sich daran gehalten, zu Stromausfällen kommt es aber nach wie vor.
Es gelingt uns endlich, den SEA in Betrieb zu nehmen. Dazu muss aus dem Wolf von Major Tom die Batterie des Funkgerätes kontrolliert entnommen werden, weil sie beim SEA natürlich fehlt. Dadurch fließt wieder Strom, auch der Wasserdruck nimmt zu. Unsere französischen Freunde von der Extraction Force schauen auf einen Kaffee rein, um sich über die Lage zu informieren. Sie melden eine RPG-Granate auf dem Marktplatz von Matejce. Major Tom muss Eindruck gemacht haben, denn ihm schenkt der Sergeant Major sein Abzeichen der Fremdenlegion. Anschließend fällt die Presse bei uns ein, die mit Major Tom und Siggi abdampft, um sich in der Region umzusehen. In der Zwischenzeit reite ich mit Axel ins Feldlager, wo wir Zubehör für unseren SEA besorgen wollen. Dieser Besuch ist ein voller Erfolg: Bis auf drei Verteilersteckdosen vom S6 (!) bekommen wir außer einem tierischen Hals

rein gar nix. Nicht da, nicht jetzt, nicht hier, nicht zuständig. Der Rechnungsführer ist gar Richtung Erebino „geflohen", bestimmt nur, um Axel kein Geld zahlen zu müssen. Wenigstens ist die Tankstelle offen, so dass ich zwei Kanister und den Wolf betanken kann. Damit erschöpfen sich denn auch die guten Nachrichten. Aus den Problemen der letzten Nacht erwuchs eine geniale Idee. Wir sollten gleich im Lager duschen! Dieser Einfall ist sicher ein toller Gedanke, bei mitgeführtem Duschzeug hätte ich ihn durchaus auch umsetzen können. So reisen wir nach weiterer Enttäuschung zur Boutique beim französischen Feldlager am Aerodrom. Wir decken uns etwas ein und fahren zurück ins Heim, wo bereits zwei fremde Wölfe warten: Geschwader 4 rückt an! Auch OLt S, der regionale Führer der Liaison-Teams, ist dabei.

Die Ortschaft Alasevce ist übersät mit Tierkadavern. Der Gestank ist nur schwer zu ertragen.

Als Siggi und Major Tom erscheinen, rollen wir über Alasevce zur Armeestellung K1. Durch die Furt in Lipkovo hindurch geht es einen Trampelpfad entlang über zig Höhenmeter. In Alasevce sehen wir dutzende verweste Tierleichen, fast alles Kühe. Der Ort ist total zerstört, allerdings dürfte er angesichts seiner Lage auch zu Friedenszeiten nicht besonders geblüht haben. Man versteht, wozu die Brandbeschleuniger des IRC gebraucht werden: Die Kadaver müssen weg. Wir fahren weiter zu den mazedonischen Soldaten auf K1. Dort ist es einfach nur kalt. Etwa vierzig Soldaten werden sichtbar, die sich hier oben eingerichtet haben. Mit einem gepanzerten Truppentransporter (APC), zwei Kampfpanzern (T-55?), einer Haubitze und mehreren Maschinenkanonen haben sie alle albanischen Dörfer in Schussweite. Sie freuen sich über den Besuch, nachdem sie überzeugt sind, dass der mitgebrachte Dolmetscher Mazedonier ist. Ihnen ist verdammt kalt, aber die Versorgung scheint akkurat zu klappen: Munition und Verpflegung sind ausreichend vorhanden. Die Majore reden mit dem kommandierenden Offizier, wir mit den Soldaten. Ich mache ein Foto von Siggi mit zwei mazedonischen Leutnanten (Mille und Dimitar), die hervorragend Englisch sprechen. Allen mazedonischen Soldaten gleich ist die Ablehnung der Albaner. Sie heißen hier nur „die Terroristen". Vor fünf Tagen hätten Sie den letzten „Angriff" abgeschlagen. Wir fahren im Dunkel zurück nach Lipkovo, wobei wir fast eine Kuh rammen, die den Hang hinunter getrieben wird. Der Wolf des OLt S qualmt extrem und hat wahrscheinlich keine lange Lebensdauer mehr. Daheim bereiten Major Tom und Siggi ein extrem leckeres Abendessen vor. Dabei kommt die Meldung rein, in Matejce wäre wieder geschossen worden. Wahrscheinlich handelt es sich um die tägliche Beschuldigung der Mazedonier zur Rechtfertigung ihrer Präsenz. Das entsandte polnische Team von Artur bestätigt die Meldung jedoch. Morgen wird dem weiter nachgegangen, möglicherweise war es doch nur ein albanischer Partyunfall, schließlich ist Samstag!

Sonntag, 4. November 2001

Wer braucht schon eine Camel Trophy? Wir fahren mit Michael von der OSCE nach Alasevce, wo das Brennmaterial für das Kühegrillen abgeliefert wird! Ich inspiziere mit Tomasz die Häuser, die sämtlich ohne Dächer sind. Die Schäden deuten für mich darauf hin, dass der Ort niedergebrannt wurde. Auch die ca. 40 toten Kühe wurden scheinbar mit kleinen Kalibern erschossen. Wenn die Häuser und Tiere nicht von der K1-Site aus beschossen worden sind, dann muss ein Trupp durch den Ort gegangen sein, um diesen Schaden anzurichten. Wer aber war das? Trauen sich das die Mazedonier zu? Macht die UCK das zu Propagandazwecken vielleicht selbst? Fragen über Fragen.

Die Anwohner laden uns ein. Ihnen ist zwar kaum etwas geblieben, aber aus herumliegenden Ziegeln und verkohlten Dachlatten wird ein Tisch improvisiert, damit man uns Tee anbieten kann. Wir sitzen beieinander, schlürfen das dunkle Elixier, und für einen kleinen Augenblick scheint die Trümmerwüste um uns herum vergessen. Solche Momente lassen einen nicht kalt.

Die Rückfahrt ist wieder echt spannend. Wir brechen zur Nachtpatrouille nach Lojane auf, begleitet von OFw G und Lt R aus Kumanovo. 700m vor der serbischen Grenze erklimmen wir mit den Wölfen einen Hügel, von dem aus wir die Grenzlinie und die Umgebung beobachten. Die polnischen Nachtsichtgeräte erweisen sich als ultracool. Ich beobachte 2220 A schließlich ein Leuchtspurgeschoss beim Aufstieg in den Nachthimmel. 5 Sekunden später hört G eine Salve aus 4 Schüssen. Wir stellen nach blitzartiger Kalkulation fest, dass der Schütze westlich von Vaksince stehen muss. Es bleibt anschließend ruhig, und wir verlegen nach Vaksince, wo die Soldaten am Armee-Checkpoint uns ebenfalls über die Schüsse berichten. Wir nehmen den Vorfall auf und kehren nach Lipkovo/ Kumanovo zurück, wo wir dann nach einem Dienstabschlussbier ins Bett gehen.

54

Montag, 5. November 2001

Major Tom und Siggi machen sich morgens auf den Weg, um den Bus zu begleiten. Nach ihrer Rückkehr stellen sie fest, dass die beiden anderen Teammitglieder weiterhin Augenschondienst betreiben. Das Frühstück ist wieder ganz lecker, und anschließend warte ich mit Axel auf das Team vom IRC (International Rescue Committee), das nach Alasevce will. Statt 0930 sind die immerhin schon 1115 da, so dass ich zwischenzeitlich noch den Besuch der Franzosen und des EU-Deminingteams erlebe. Siggi schlägt vor, unser Gebäude von „Rear HQ" in „Café TFF" umzubenennen. Tatsächlich scheinen die Berührungsängste unglaublich schnell verflogen zu sein, und unsere Akzeptanz scheint schon nach einer Woche besser als erhofft. Inzwischen gehen internationale Gäste bei uns ein und aus, weil sie neben einem Kaffee auch die aktuellsten Informationen aus der Region erhalten. Im Gegenzug erhalten wir als „bewaffnetes Reisebüro" einen recht genauen Überblick darüber, welche Organisation wo und wann mit welchem Projekt an den Start geht.

Als wir in Alasevce ankommen, haben die Leute schon mit dem Zusammentragen der Kadaver begonnen. Wir schauen uns die Sache kurz an, die EU-Beobachter tun wichtig und machen Fotos. Nach der Rückkehr fahren wir mit OFw D Meldungen und Besorgungen machen. Erst geht's ins Lager, dann zur französischen PX, schließlich nach Kumanovo zum Lebensmitteleinkauf. Dank dieser 4-stündigen Tour gibt es ein hervorragendes Abendessen, welches durch Major Tom und willige Helfer präpariert wird. Ich übernehme schließlich den Telefondienst bis 2400. Als ich meine polnische Ablösung wecke, kommt es zunächst zu Verwirrung. Ich finde Dziubek nicht, was vor allem daran liegt, dass ich im falschen Zimmer stehe und der polnisch-albanische Dolmetscher über meinen mitternächtlichen Besuch in seiner Stube mäßig erfreut ist. Das ist aber nicht die letzte Überraschung des Tages. Beim Verlassen der Toilette trete ich beinahe auf den kleinen Hund, den die Polen mitgebracht haben. Axel spielt nächtens auf dem Laptop „Max Payne", wahrscheinlich um sich mental auf den nächsten Besuch in Vaksince vorzubereiten.

Dienstag, 6. November 2001

Robert wächst das kleine Hündchen besonders ans Herz. Sunja, die bereits „Kfori" und „Schokolada" hieß, bekommt die Fahrt im Geländewagen allerdings nicht so gut. Von nun an hat man nicht nur Pferde kotzen sehen... In Opae treffen wir auf das zivile Demining-Team. Sie bereiten UXOs (Blindgänger) zur Sprengung vor. Der wenig beliebte EOD-Offizier aus dem Camp („Bomben-Fraggle") versucht, Major Tom über die Aufgaben eines Liaison-Teams zu belehren. Damit ist der größte EOD-Hauptmann unter der Sonne nicht sonderlich erfolgreich, was ihm allerdings nicht klar wird. Bei der Rückkehr in unser trautes Heim erwachen ungeahnte Fähigkeiten in mir. Ich öffne gerade die geschlossene Pforte, wobei ich sofort einer Kuh ins Gesicht starre. Hinter ihr laufen zwei Kinder aufgeregt herum, die mir hektisch etwas zurufen. Die Kuh läuft weg? Da werde ich zum Torero. Zweimal kann ich die Kuh zurück in den Hof scheuchen, bevor Xhefdet übersetzt, was die Kinder rufen. „Zur Seite! Die Kuh muss raus!"
Die Albaner klagen allerorten über die fehlende Amnestie für die ehemaligen Untergrundkämpfer. Vorher trauen sie der mazedonischen Polizei absolut nicht über den Weg. Die Mazedonier selbst verhalten sich aggressiver als sonst. Im Armee-Kontrollpunkt will man plötzlich Ausweise sehen. Abends passiert es dann: Mehrere Schüsse in Richtung Vaksince werden gemeldet. Während Robert überprüfen fährt, fallen mehrere Schüsse in unserem Ort! Wir schleichen nach draußen und hören noch eine weitere Salve. Täter und Ursache können wir nicht ermitteln. Im Norden wird später

entwarnt: Zur Feier des Tages hat dort eine Hochzeitsgesellschaft in die Luft geschossen. Und der Rest? Die Spannung steigt langsam an.

Mittwoch, 7. November 2001

Morgens fahren Axel und ich über Ropalce und Matejce nach Kumanovo. Wir beobachten die Menschen und werden in Umin Dol zum ersten Mal handfest beschimpft. Von den Aussagen des mazedonischen Sonderpolizisten verstehe ich nur einen Bruchteil, allerdings genug, um darüber nachzudenken, woher dieser A.... meine Mutter kennen will. Es ist wohl eine kleine Welt...

Die Polizei war schon immer reservierter als die Soldaten zu uns, aber heute erreichen wir eine neue Stufe. Gleiches berichten Siggi und Major Tom: Beim Armee-Treibstofflager („Mac Petrol") wird ein BMP-Schützenpanzer in Stellung gebracht, der auch noch auf die Vorbeifahrenden anrichtet. Außerdem sind jetzt junge, durchtrainierte Soldaten vor Ort, nicht mehr die dickbäuchigen Reservisten. Zwei in Kumanovo gekaufte Zeitungen berichten nichts wirklich Hilfreiches. Die mazedonische ist ein realitätsfremdes Propagandaorgan, aber auch die albanische ist nicht unbedingt objektiv, um es mal vorsichtig auszudrücken.

Café TFF erlebt eine traurige Stunde: Den Einfall der ungeliebten Verwandten. Bomben-Fraggle Hptm T schneit herein. Er scheint dem bosnischen Demining-Team die Räumung der Straße nach Alasevce ausreden zu wollen. Dieser Mann spricht wirr, und er verbreitet sich auch noch ständig! Wir können wenigstens dem italienischen EOD helfen, den wir in Vaksince mit Robert verkuppeln. Dort finden und beseitigen die Jungs einen Sprengkörper, den ein Bauer aufgetrieben hat.

Mit Axel schaue ich mir nochmals Alasevce an. Die Verbrenner sind kräftig am Werk. Aber sie haben nichts vor Ort, um die Gebäude winterfest zu machen. Die acht Eisernen leben in dem Raum Ihres Hauses, wo es am wenigstens reinregnet. Auf dem Weg zurück begegnen wir dem Roten Kreuz in der angenehmen Gestalt von Beatrice, ebenfalls auf dem Weg nach A.

Im Café fällt das neue OSCE-Team mit Michael ein. Er verfügt über einige Ahnung von Krisenherden (nach eigenen Angaben 10 Jahre Bundeswehr und einige in der Fremdenlegion), muss dieses nur leider jedem erzählen. Die Jungs sind ganz lustig, Sunja öffnet dem Amerikaner Roger unerlaubt die Socke, nachdem sie keine Lust mehr hat, auf Turnschuhen herumzubeißen.

Im Feldlager arbeiten wir unsere Liste ab: Duschen, Nachschub, Verwaltung, Tanken. In Kumanovo kaufen wir ein, allerdings nur mäßig erfolgreich. In einem Laden kriegt Axel noch zwei Bananen geschenkt, wir unterlassen aber den Erwerb von Fleisch. Resultat: Unser Chef ist sauer. Ein ernster Zwischenfall verschärft die Situation. Ein Auto wurde bei Vaksince beschossen! Ein einzelner Schuss traf zum Glück nur den Kofferraum. Ich übernehme die Nachtwache und schreibe am Tagebuch. Es wird von Tag zu Tag spannender hier.

Donnerstag, 8. November 2001

Nach einem ruhigen Beginn und der Klärung diverser nächtlicher Ereignisse, bei denen sich die Mazedonier nicht immer sensibel verhielten, beschleunigt sich der Lauf der Ereignisse zum Abend hin. Ein besorgter Naeem ruft an, weil sich Spezialeinheiten der mazedonischen Polizei in Reciza aufhielten. Das macht dem ehemaligen NLA-Kommandeur ganz persönliche Sorgen. Major Tom rückt mit Siggi und einem polnischen Team aus, um die Lage feststzustellen. Während er Naeem bespricht, können die Polen beruhigen: „Alles klar, Meister. Keine Mazedonier im Keller." Möglicherweise handelt es sich um eine einfache Verwechslung: Die

Spähtrupps der französischen Fremdenlegion tragen in Gestalt ihrer Trikolore auch die serbischen Farben an ihren Fahrzeugen, wenn auch um 90 Grad gedreht. Dass ihre MG-Schützen immer maskiert sind, macht angesichts der herrschenden Windverhältnisse durchaus Sinn, trägt aber bei der Zivilbevölkerung zu einem höchst unangenehmen Gesamteindruck bei.

Major S stellt beim Polizeipräsidenten in Skopje fest, dass es keine gepanzerten Fahrzeuge in der Region gäbe und erst recht keine Spezialeinheiten. Dem widerspricht Robert, der einen Konvoi vor der Autobahnabfahrt Kumanovo gesichtet hat. Auch ich selbst habe im Morgennebel einen Schützenpanzerwagen in Umin Dol beobachtet. Nicht mehr gesehen habe ich jedoch Sunja.

Der Marktplatz von Matejce ist der Mittelpunkt des Dorfes im Süden unserer Region. Er bietet sich als zentrale Anlaufstelle für Hilfs- und Baumateriallieferungen an. Man beachte die Moschee, bei der das zerstörte Minarett in die Kuppel gestürzt ist.

Routine kehrt ein

Freitag, 9.11. 2001

Morgens reise ich mit Axel nach Skopje, um Dolmetscher Xhefdet abzuholen. Ein kurzer Rundgang im HQ KFOR REAR wird durch Siggi penetrant gestört. Er ruft an, weil wir aus der deutschen Botschaft den Adjutanten des Militärattachés abholen müssen. In einem Hinterhof, der einem alten Berliner Arbeiterviertel gleicht, hält Axel an. Xhefdet hat uns allerdings nicht irregeführt. An einem Flachbau, den man mit viel Liebe als Fahrradschuppen bezeichnen könnte, entdecken wir ein Schild in deutscher Sprache. Die schwarz-rot-goldene Flagge deutet auf ein offizielles Gebäude hin. Ich schreite mit Xhefdet zu dem Hintereingang, vor dem zwei Polizisten stehen. Das ist wirklich die deutsche Botschaft! Allerdings lässt man uns hier nicht herein. Wir schlagen uns zum Nebengebäude durch, wo hinter einer weißgetünchten Türe ohne irgendwelche Kennzeichnungen der Militärattaché in einer Wohnung residiert. Wir finden Hauptmann S, der in Zivil mit uns reist. Er folgt uns im schwarzen Untertürkheimer nach Lipkovo, um dort an einer Besprechung der lokalen Würdenträger teilzunehmen. Sowohl dort als auch beim Besuch des Café TFF bekleckert er sich nicht mit Ruhm. Irgendwie ist Skopje doch weit weg vom Schuss, und das im wahrsten Sinne des Wortes. Major Tom wettet mit ihm um eine Stiege Bier, dass er am 15. Januar 2002 die Heimreise antritt. Als wir nach Camp Fox aufbrechen wollen, hat die französische Eingreiftruppe QRF bei Lipkovo die Straße gesperrt: EOD-Sprengung! Interessant, dass der Bomben-Fraggle uns über so etwas nicht informiert.

Im Lager lassen wir uns dann erklären, dass es wieder mal nichts zu holen gibt: Keine Ersatzteile für das Funkgerät, keine Nachtsichtgeräte. Wir können bei der Wäscherei zwar unsere Wäschesäcke abstauben, aber auch die enthalten, zumindest in meinem Fall, nur die Hälfte der abgegebenen Socken. Wir treffen Bahni, dem es in Gostivar wohl recht gut gefällt. Außer Drogendealern und Zuhältern gibt es dort auch bald Heizaggregate, die das Leben angenehm machen. Major B treffe ich auch, der gleichsam entspannt wie verwirrt umherstreift. Nach einem gepflegten Toilettenbesuch geht es zurück, wo uns die Kameraden ihre Tageserlebnisse im Zusammenhang mit dem Handgranatenfund bei der Kirche von Matejce schildern. Zunächst waren Siggi und Major Tom etwas angespannt, als sie feststellten, dass sie sich im NICHT minensicheren Raum aufhalten. Die anwesenden französischen Pioniere entfernen sich auch unauffällig, als sie die Italo-EODler in gewohnter Manier mit Spitzhacken anrücken sehen. Als unsere mannhaften FlaRak-Kameraden wieder auf sicherem Gelände weilen, schreiben zwei unserer polnischen Kameraden Geschichte, als sie im potentiell verminten Bereich herumstiefeln. Dies treibt nicht nur den anwesenden Dolmetschern Schweißperlen auf die Stirn. Als der Spannungsbogen abzuflachen droht, beschließt Siggi, noch etwas mit seinem Pfefferspray herumzuhantieren. Der (un)geschickte Einsatz des Kampfstoffes sorgt für Tränen der Dankbarkeit bei unseren Übersetzern.

Abends laufen wir durch Lipkovo zu einem wiedereröffneten kleinen Imbiss, wo wir uns mit Cevapcici eindecken. Einer der Gäste erweist sich als hilfsbereit. Wenn wir mal Probleme mit den Mazedoniern hätten, sollten wir uns an ihn wenden. Wichtig sei nur, dann nicht im Wege zu stehen. Der große Vorteil von Fuß-Patrouillen ist bei unserem Einsatz eindeutig die Gelegenheit zum Smalltalk. Man erfährt Neuigkeiten, bekommt ein Gefühl für die Stimmungslage und lernt schillernde Persönlichkeiten kennen. So stellt man uns zum Beispiel einen politischen Häftling vor: „Diese Kommunisten-Schweine! 20 Jahre haben sie ihn eingesperrt, davon

12 Jahre Einzelhaft!" „Weswegen denn?" „Na er hat seine Frau erschossen..."

Während wir zu Hause speisen, gleitet auch der eine oder andere Gedanke zu Sunja ab. Warum nur? Bei der Abendbesprechung gibt Robert uns Gewissheit: „Rushdi killed the dog." Da hat der „Vermieter" wohl kurzen Prozess gemacht, und das süße kleine Ding ist im Hundehimmel gelandet. Ein weiteres Opfer auf dem Weg zum Frieden.

Samstag, 10. November 2001

Dank der Truppenbetreuung haben wir einen Fernseher, und dank des auf dem kleinen Dienstweg organisierten Dieselgenerators auch den Strom dafür. So beginnt der heutige Tag mit Terror im Frühstücksfernsehen: Major Tom schaltet auf ein Reisemagazin. Zunächst geht es um Urlaub auf Kreta. Den Aufnahmen von „ihrer" Insel sehen die FlaRaker etwas wehmütig zu. Dann allerdings folgt der Hammer, nämlich wonnige Sommerbilder aus Florida. Der Blick aus dem Fenster zeigt: Das ist schlichtweg unfair! Wir verfolgen gebannt den „perfekten Tag", den sich die Redakteure zusammengestellt haben. Ohne Mietwagen und Unterkunft erreichen sie um 1600 bereits den Kostenpunkt 536 Mark pro Person. In schnöder Missachtung der Informationsfreiheit greift Major Tom zur Notausschaltung, so dass Axel und ich zum Frustabbau auf Streife gehen müssen. In Nikustak sollen wir ein Beobachter-Team der EU treffen. Wir unterhalten uns eingehend mit dem Besitzer einer Tankstelle über seine Probleme. Wir erfahren mehr, als wir wollen. Denn irgendwie taucht jeder Hanswurst bei uns auf, nur nicht die EU. Etwa 30 Minuten nach dem Termin stoppen wir einen weißen Landrover der EU Monitor Mission, dessen Insassen jedoch jedes Wissen von einem Treffen abstreiten. Sie seien die einzigen der Organisation, die heute Dienst hätten. Geregelte Arbeitszeit hätte ich auch gern: „Wir schützen Sie vor gewalttätigen Übergriffen. Allerdings nur wochentags und während der Öffnungszeiten." Das Treffen fällt schlichtweg aus.

So suchen wir weiter nach Hinweisen auf die Anwesenheit mazedonischer Panzer in unserem Sektor. Auf der Suche nach Kettenspuren bewegen wir uns über die Kontrollpunkte um Ropalce nach Kumanovo. Wir finden aber keine frischen, was beruhigt. Im Camp Fox treffen wir Teams 1,4 und 6, die zu Besprechungen angereist sind. Wir unterhalten uns angeregt, ich rufe mit dem „Betreuungshandy" daheim an und gehe danach duschen. Als ich wieder am Auto bin, warte ich 20 Minuten auf Axel, der inzwischen beim Essenzelt abhängt. Wegen des Zeitfensters (WM-Relegationsspiel Ukraine-Deutschland am Abend) müssen wir zügig heim zum Kaffeekochen, während unser Chef noch in der PX einkauft. Das Spiel ist durchschnittlich. Allerdings bekommen wir davon nicht viel mit, denn unsere albanischen Nachbarn schießen häufiger als die deutsche Nationalmannschaft. So wird der Abend doch noch spannend. Auf den beiden Hochzeiten in Lipkovo geht offensichtlich die Post ab. Das im Lokal beschaffte Abendessen verzehren wir auf dem Weg nach draußen, denn inzwischen schießen die mazedonischen Sicherheitskräfte ebenfalls! Robert kümmert sich um Lipkovo und die Kontrollpunkte, während wir zur Observation aufbrechen. Major Toms Worte „Ich fahre voraus" sind kaum verklungen, als er an der ersten Kreuzung falsch abbiegt. Nach Siggis Intervention legt er dann auch seine Bristol-Weste an. Dies erscheint mir angebracht, da wir (in den verhassten Uniformen!) vor einem ehemaligen UCK-Kampfstand herumturnen, den nervöse Soldaten und Polizisten mit Sicherheit aus der Entfernung beobachten. Dass wir uns mit FlaRak-typischer Discobeleuchtung angenähert und nun auf Dunkelheit und Nachtsichtgeräte umgestellt haben, beruhigt die Mazedonier sicher ungeheuer. Während Axel und Major Tom erkunden gehen, bewache ich mit Siggi die Fahrzeuge. Während wir über Gott und die Welt philosophieren, beweisen die anderen: It's the man, not the machine. Trotz Hightech-Nightvision identifizieren sie eine Hausruine als Panzer, was sich aber herausstellt, als überraschend neben ihnen ein Traktor anhält. Der Bauer erkundigt sich nach dem Rechten - selbstredend auf Deutsch. Als es ruhig bleibt, verlegen wir nach Slupcane, wo zwei Jungen behaupten, beschossen worden zu sein. Während Tom verhandelt, erzählt ein alter Mann jedem von seinen Kriegserlebnissen als Siebenjähriger. Wir melden uns mit dem Versprechen ab, bei Tageslicht die Vorfälle zu untersuchen. Irgendwie fühlen wir uns aber, dass die Albaner mit ihrem Geballere das Ganze losgetreten haben. Es bewahrheitet sich der Spruch von Jerzy zum Thema Freizeitgestaltung: „We are drinking, they are shooting."

Sonntag, 11. November 2001

Wir brechen auf, um in Slupcane die beiden Jungen abzuholen, die nächtens beschossen worden sind. Zusammen mit dem Bürgermeister fahren wir mit Arturs Team nach Matejce. Dort stellen wir fest, dass die Burschen von den Kontrollpunkten im Tal überhaupt nicht gesehen werden konnten. Damit können die Mazedonier auch nicht auf sie gezielt haben. Der Polizei-Posten Ropalce hat höchstwahrscheinlich in die Luft geschossen, was von seinen Kameraden als Kampfhandlung gewertet wurde. Und da hat der benachbarte Armee-Posten mit dem MG einige Salven abgefeuert, um die Albaner einzuschüchtern, was offensichtlich funktioniert hat.
Der Generator macht die Grätsche und kann auch nach Studium des Manuals nicht in Gang gesetzt werden. Axel hat schließlich mehr Glück, als er an der ständig herausspringenden Sicherung herumfingert. Dank seiner Bemühungen können unsere polnischen Freunde im TV die Parade zu ihrem Nationalfeiertag sehen. Allerdings kommt Robert nicht in diesen Genuss, da er im Norden auf

Italienische Soldaten mit der „Wandergranate" von Vaksince. Die Anwohner bemerken schnell, dass sich die NATO um Sprengkörper an bestimmten Straßen sofort kümmert. Also legt man gefundene Blindgänger einfach an den Straßenrand, wenn man nicht auf zivile Feuerwerker warten will. Die FLT-Streifen melden daher nahezu täglich neue Minen und Granaten.

einem ungeklärten Pfad in die Berge fahren muss. Dort haben sich mehr als 100 Albaner mit Treckern in Marsch gesetzt, um direkt vor einem Militärposten im Gebirge Ausschachtungen für eine Wasserpipeline durchzuführen. Robert ermittelt, dass es da oben tatsächlich eine Quelle gibt. Die Armee ist sauer, hält sich aber zurück. Vom FLT Kumanovo mit seinen Armeekontakten erfahren wir, dass der örtliche mazedonische Kommandeur die Menschenansammlung bis 1500 auflösen soll. Mit dieser durchaus relevanten Info erreichen wir unser eigenes Team allerdings nicht. Vermutlich kann Robert wegen der zahlreichen Bergketten keine Funkverbindung herstellen. Weil da oben keinerlei Empfangsmöglichkeit für irgendetwas außer Projektilen und Metallsplittern herrscht, fahren

Axel und ich mit dem Dolmetscher Jakob als rollende Funk-Relaisstation nach Lojane.

Am Ortsausgang von Slupcane beschleunigen wir gerade, als wir den Wagen der Polen auf uns zuschießen sehen. Irgendwie dauert es ganz schön lange, bis wir realisieren, dass wir dank der Sandhaufen auf der rechten Seite und dem Straßengraben auf der linken nicht wirklich ausweichen können. Dieser Denkprozess läuft offensichtlich auch bei Roberts Fahrer ab, so dass auch unser Gegenüber in das Platzkonzert quietschender Reifen einstimmt. Robert scheint auf dem Beifahrersitz Stretching zu betreiben, zumindest biegt er seinen Oberkörper immer weiter nach hinten. Als sich der Qualm gelegt hat, ist ein souveräner Meter Platz zwischen beiden Autos. Wozu die Aufregung? Wir erfahren, dass der Bürgermeister in Lojane ist und besuchen ihn. Der wiederum erzählt von „unserem Land", schlimmen Mazedoniern, Wassermangel, Frust etc. Axel lädt ihn zur Bergexkursion ein, um sicherzustellen, dass die Leute da oben rechtzeitig verschwinden. Die noch nicht auf Minen geprüfte Strecke ist die heftigste, die ich bisher gesehen habe. Felsen und Schutt scheinen kein Ende zunehmen. Dass Selami mitfährt, gibt ein schwaches Gefühl der Sicherheit. Unser Übersetzer ist auffallend still und hat Schweißperlen auf der Stirn. Was auf der Karte nach 6 km aussieht, wird durch die Windungen und Höhenmeter zur Weltreise. Irgendwann kommen wir am Fuße des Armeepostens von Straza an, wo die Arbeiter inzwischen abgewandert sind. Eine Beobachtung mittels Fernrohr zeigt, dass wir von drei verschiedenen Armeeposten aus beobachtet werden: Zwei serbischen im Norden und Osten und einem mazedonischen im Westen. Während die Serben gelassen erscheinen, verfallen die Mazedonier in hektische Aktivität. Unsere Entscheidung zur pünktlichen Rückkehr fällt ziemlich schnell.

Als wir wieder in Lojane sind, beschließen Axel und ich, von nun an auch am 11. November Geburtstag zu feiern. Nach einem Kaffee mit Selami fahren wir nach Lipkovo, von wo wir mit Major Tom und Siggi nach Kumanovo zum Hauptquartier des FLT4 reisen. Unsere Kameraden leben in einer anderen Welt. Ihre Unterkunft befindet sich auf dem Gelände einer Offizierschule, von wo aus sie ein Netzwerk zu den verschiedenen mazedonischen Sicherheitskräften aufgebaut haben. Auch dank heftiger Saufgelage sind die Jungs inzwischen per Du mit nahezu jedem örtlichen Kommandeur der Mazedonier. Da die meisten Hilfsorganisationen ihre Zelte in Kumanovo aufgeschlagen haben, kann das FLT auch dort hilfreiche Informationen gewinnen. Das Großstadtleben hat natürlich auch seine Annehmlichkeiten und wird nur gelegentlich durch Steinwürfe unterbrochen. So fahren wir in den rollenden Käfigen unserer Kameraden in ein nettes Restaurant, wo wir uns zu acht lecker den Bauch voll schlagen.

Als wir zurückkommen, erfahren wir vom Abmarsch 20 gepanzerter Fahrzeuge nach Tetovo. Die Mazedonier scheinen da ordentlich auf den Putz hauen zu wollen, und es kommt auch prompt zu bewaffneten Demonstrationen. IRC erweist sich heute als sehr hilfreich. Auf die Bitte, einen offiziellen Antrag zur Genehmigung der Bauarbeiten in den Bergen zu stellen, damit die Armee offiziell angesprochen wird und die Bürger weitergraben dürfen, erhalten wir eine typische Antwort. „Da können wir wenig tun, heute ist doch Sonntag." Major Tom reagiert so energisch, dass doch etwas zu gehen scheint. Uns wird durch den General das Verlassen des HQ untersagt, als wir Berichte über Schützenpanzerwagen in Lopate prüfen wollen. Major Tom erhält abendlichen Besuch vom Bürgermeister, den er zur Besonnenheit aufruft. Hoffentlich sehen die Albaner ein, dass die Bürgerwehr wenigstens keine Waffen mitnimmt, wenn sie um die Häuser zieht. Wir verdoppeln die Wachen, die ihre Waffen immer griffbereit haben. Trotz dieser Verschärfung lege ich mich nach Ende meiner Schicht recht entspannt schlafen.

Ohne Kaffee geht gar nichts. Wegen der Stromausfälle ist Improvisationsvermögen gefragt, aber dank Taschenlampe und Campingkocher sind wir auch nachts einsatzbereit.

Montag, 12. November 2001

Während Major Tom kränkelt, gibt es eine spannende Nachtpatrouille mit dem Team von Tomasz, Siggi und mir. Wenn man ein realistisches Lagebild erhalten will, hilft es, nicht schon von weitem gesehen zu werden. Weiterhin ist es nützlich, wenn man selbst etwas sieht. Und hier beginnen die Probleme. Leise und ohne Licht können wir uns zwar unauffällig annähern, aber uns fehlt die Technik, um danach verlässlich aufzuklären, wie der „Hauspanzer" vor einigen Tagen deutlich gemacht hat. Vom Hauptquartier im Camp waren deshalb schon Nachtsichtgeräte bereitgestellt worden, aber die wurden flugs wieder eingepackt und zu den KSK-Leuten nach Afghanistan geschickt. Schade, wir hätten die Geräte gern gehabt. Aber wer vielleicht in Höhlen gegen Taliban kämpfen muss, braucht die Teile eindeutig dringender als wir.

So geben uns die polnischen Kameraden technologische Entwicklungshilfe und leihen uns Teile ihrer Ausrüstung. In Nikustak probieren wir zum ersten Mal die Nachtsichtbrillen aus. Damit herumzuspähen ist interessant, damit Auto zu fahren ist eine andere Sache. Schnell verlieren wir die Verbindung zu den Polen, bekommen dafür aber Kontakt mit der Bevölkerung. Die interessiert sich nämlich für unbeleuchtete Militärfahrzeuge, die durch ihren Ort fahren. Die Polen lesen uns wieder auf, und die Patrouille wird fortgesetzt. Bei weiteren Beobachtungshalten weist uns Tomasz in verschiedene Grundsätze des Observierens ein. Warum sollen wir nicht von den Jungs lernen? Schließlich sind sie die Spezialisten. Der Scharfschütze Kornos erklärt mir seine Waffe. Ich staune über das Nachtsichtzielfernrohr, das eine gestochen scharfe Auflösung hat. Da wird die Nacht zum Tag, und auch 800m scheinen keine Entfernung zu sein...

Dienstag, 13. November 2001

Die Grippe des Major Tom scheint verflogen. Zumindest will er dieses suggerieren, in dem er ein Frühstück im Freien vorschlägt. Also sitzen wir denn im Garten und schieben uns notdesinfizierte Lebensmittel rein. Nicht nur Rushdi (unser Vermieter) schleicht ständig um uns herum, sondern auch eine weiße Katze. Deren penetrantes Verhalten weckt kurz den Poeten in mir:

Beim Frühstück sah ich eine Katze,
die duckt sich zum kräftigen Satze.
Dann springt sie ganz frisch
Vor mir auf den Tisch.
Zum Dank haut man ihr in die Fratze.

Ich nehme in Vertretung des Chefs am OSCE-Meeting teil. Wir treffen Major S und Leutnant R in Kumanovo und fahren mit ihnen durch die City. Das Treffen beginnt mit starkem Medieninteresse und fast einer Stunde Verspätung. Unser Dolmetscher Enis ist unruhig wegen der Kameras. Nach seiner letzten Übersetzertätigkeit vor Kameras war er durch Anrufe genervt worden. Das bringt der Starrummel mit sich... Die Besprechung tritt auf der Stelle. Nur Bürgermeister Alili aus Lipkovo punktet, weil er konsequent auftritt. Ganz im Gegensatz zu verschiedenen mazedonischen Vertretern, die einander widersprechen. Als die Veranstaltung eigentlich schon beendet ist, jammert einer über das Schicksal des Rentners Nestor Petrovec herum. Die Geschichte ist natürlich traurig, aber nicht Thema der Veranstaltung. Der Rückkehr der Serben nach Matejce wird verschoben. Einige von ihnen besaßen Wohnhäuser am östlichen Rand der Ortschaft. Aus dieser Richtung hatte die mazedonische Armee allerdings angegriffen und dabei ironischerweise ausgerechnet das Eigentum der Vettern systematisch zerstört. Ein geplanter Serben-Konvoi fällt nun aus, weil nach der

So soll es aussehen: Albaner und Mazedonier friedlich an einem Tisch, moderiert von der OSCE. Die NATO bleibt (buchstäblich) im Hintergrund.

Eskalation in Tetovo (3 Polizisten erschossen) im Moment die Lage zu gespannt ist.

Am Abend kommt es zur deutschen Nachtpatrouille. Wir laufen auf die Bürgerwehr von Nikustak auf, die gerade die mazedonischen Kontrollpunkte beobachtet. In Vistica beobachten wir vom Schulhof, der immer noch von albanischen Schützengräben zerfurcht ist. Es kommt zu Unstimmigkeiten im Gebrauch der Tarnlichtstufen unserer Wölfe. Erfahrene User von Nachtsichtgeräten wussten schon immer, dass Restlichtverstärkung nicht nur Vorteile hat. Als Major Tom vor uns plötzlich auf die Bremse tritt, schmerzen dank der Bremslichter meine an die Dunkelheit gewöhnten Augen. Axel am Steuer explodieren unter der Nachtsichtbrille dagegen fast die Pupillen. Ich muss ins Lenkrad greifen, weil er nichts mehr sieht.

Daheim werden die internen Fronten geklärt, da deutlich unterschiedliche Auffassungen zum Verhalten bei Nacht herrschen. Die latent vorhandene kriminalistische Illusion, durch geheimnisvolles Auftreten böse Burschen auf frischer Tat zu ertappen, wird zerstreut. Man ist hier letztlich kein Kämpfer, schon gar kein Polizist, sondern ein neutraler Beobachter. Und der fährt überall offen hin. Wenn die anderen nicht aufpassen, haben sie Pech, aber wir schleichen uns nicht an. Punkt. So. Fertig. Abgehakt. Jedenfalls bis zur nächsten Diskussion...

Mittwoch, 14. November 2001

General K hat sich zum Besuch angekündigt. Als Major Tom mit Siggi zum Abholen aufbrechen will, wird gemeldet, dass in Lipkovo Häuser brennen. Ich laufe mit einem polnischen Sanitäter hin und stelle fest, dass niemand verletzt ist. Ein riesiger Menschenauflauf steht in einem Innenhof und starrt auf ein ausgebranntes Wohnzimmer, das wahrscheinlich durch einen Kurzschluss in Brand geraten ist. Mit den Leutnanten R und T fahren Axel und ich nach Straza. So kommen die beiden auch mal in den Genuss von Geländespaß. Oben ist es kalt, und niemand ist da. Die Bauarbeiten ruhen offensichtlich. Da fahren wir eben wieder runter.
Im Camp Fox benötigen wir diesmal mehr Zeit, treffen jedoch auf äußerst hilfsbereite Kameraden im Versorgungsbereich. Während Stabsfeldwebel K sich offensichtlich gerne reden hört, ist er nach eingehender Erörterung des Nachschubwesens an sich und in Mazedonien im Speziellen doch tatsächlich offen für Axels Fragen. Ich werde mit meinem Anliegen (Verlängerungskabel) an den Feldlagerkommandanten (!) verwiesen. Dieser erklärt mir persönlich, dass die vorrätigen Verlängerungskabel zur Ausstattung noch nicht installierter Wohncontainer gehörten und deshalb nicht ausgegeben werden könnten. Auf dem Weg aus seinem Zelt treffe ich

einen Hauptfeldwebel aus der Vorausbildung in Jägerbrück. Nach großem Hallo schildere ich ihm mein Leid. Da greift er hinter sich in eine Gitterbox, die bis zum Rand mit Verlängerungskabeln gefüllt ist: „Wie viele sollen es sein?" Die Connections zum Luftwaffenversorgungsbataillon LVB sind auch beim Abfassen von kriegsentscheidenden Utensilien wie Bürsten, Klopapier und Müllsackhaltern hilfreich. Der zuständige Feldwebel freut sich: „Super. Sie können damit wirklich was anfangen? Hab mich schon gefragt, wozu wir das ganze Zeug hier brauchen!"

Der Abend verläuft optimal, denn die deutsche Nationalmannschaft qualifiziert sich durch ein 4:1 gegen die Ukraine für die WM. Unsere polnischen Kameraden werden durch unseren Dauerjubel leicht verunsichert, stürmen aber trotzdem immer herein, um vermeintliche Treffer zu sehen. Ein tolles Spiel, nicht nur im TV...

Vergessene Dörfer

Donnerstag, 15. November 2001

Heute reisen wir nach Lukar. Ein gewaltiger Konvoi läuft bei uns auf, obwohl wir doch eigentlich auf EOR (Explosive Ordnance Reconnaissance= Sprengkörpersuche) gehen wollen. Aber da sind noch drei weiße Autos von OSCE sowie zwei APC der Fremdenlegion. Die Franzosen brauchen wahrscheinlich Abwechslung. Andreas hat mit dem italienischen EOD-Team auch noch eigene Sicherungsfahrzeuge mitgebracht. Angesichts des Verkehrsaufkommens schickt er zwei italienische Schützenpanzerwagen wieder weg.

Während die Dörfer am Rande der Berge übervölkert scheinen, sind die weiter westlich gelegenen Ortschaften meist verlassenen, so wie diese Gehöfte in Dumanovce.

Die Leute in Lipkovo blicken etwas irritiert ob des Konvois, zeigen aber deutliche Erleichterung, als sie in der Kolonne bekannte Gesichter entdecken. Im besseren Schritttempo zuckeln wir durch die Berge, und ab dem Geisterdorf Dumanovce wird es spannend. Die Piste wird schlechter und steiler. An der Abzweigung nach Maliok dreht OSCE-Rambo J-P („Diese Minen stören mich nicht. Wenn man schnell genug fährt, explodieren sie hinter einem.") mal wieder durch. Er fährt direkt nach Lukar, weil er die 30min bis zu unserer Rückkehr aus Maliok nicht abwarten kann. Wir stellen keine Begleitung, weil wir solche Dummheiten nicht auch noch unterstützen. Wie sagt Andreas doch so schön? „Ich bin lieber ein gesundes Weichei als ein toter Held." Als die „Straße" nach Maliok aufgeklärt ist, fahren wir weiter nach Lukar.

Während der Abfahrt wird Siggi zum x-ten male von einem Idioten aus dem Joint Operation Center (JOC) Skopje angerufen. Zur Stressbewältigung singen wir beide unser Mottolied („Schwule Mädchen", Fettes Brot) und stopfen uns französische Bonbons rein. Mir wird etwas unwohl, als in einer Spitzkehre über mir der französische APC umzukippen droht. Unter soviel Stahl begraben zu werden könnte unseren Tagesablauf erheblich durcheinander bringen. Glücklicherweise passiert nichts. In Lukar fällt Graupel, der die zerschossenen Häuser aber nicht kosmetisch verbergen kann. Hier hat die mazedonische Armee mit Kampfhubschraubern ganze Arbeit geleistet und die wenigen Häuser mit Raketen kurz und klein geschossen. Angesichts der Zerstörungen und des Straßenzustandes frage ich mich, wie man hier überhaupt Hilfsgüter heranschaffen kann. Das geht maximal mit geländegängigen Lkw oder Hubschraubern. Vor der Dorfbegehung mahnt Andreas, auf Leitwerke nicht explodierter Raketen zu achten und sicherheitshalber zu den einheimischen Albanern 20m Abstand zu halten, weil „Blutspritzer immer so schwer rauszuwaschen sind…"

Hausruinen in Lukar. Minen und Blindgänger erschweren vielerorts noch lange nach Ende der Kämpfe Aufräumungsarbeiten und Reparaturen.

Er erzählt uns eine spannende Geschichte über Robert, der tags zuvor beim Minensuchen von der Straße abgekommen ist. Anschließend sei beim Anfahren ein Pole aus der offenen Heckklappe gefallen. Als Siggi einwirft, dass er während der gestrigen Sprengung auch INNERHALB der Absperrung herumlief, kann Andreas ihn beruhigen: „An solchen Tagen ist alles möglich." Wir verschieben die Rückfahrt um 5min, weil unsere französischen Freunde ihr Mittagessen einnehmen wollen. Diesen Vorschlag greifen auch die Italiener dankbar auf. Dann geht es heim, und der Ex-NLA-Offizier Fadil bemerkt fortgesetzten Waldfrevel an der Straße. Zum Glück für die Täter wird er jedoch ihrer nicht habhaft. In Lipkovo bietet uns der französische Leutnant noch einen Kaffee hinter seinem Panzerwagen an, zubereitet von den Osteuropa-Allstars. Seine Besatzung besteht aus Polen, Ukrainern und Russen. Im HQ schlage ich vor, wöchentlich den dümmsten Anruf aus dem JOC zu prämieren. Dazu meint Tomasz, seine Leute hätten schon eine halbe Seite mit Nominierungsvorschlägen...

Abends erhalten wir einen Anruf von Lt R wegen eines Feuers in Matejce. Das JOC verbreitet wiederum die Nachricht, unser Team wäre in Not. Spannend, wo doch niemand von uns in Matejce ist. Wir fahren mit einem polnischen Team befehlsgemäß hin und besichtigen einen Schuppen, der in Brand gesetzt wurde. Was für Idioten. Wir Deutschen fahren dann weiter und lernen den Großraum Kumanovo genauer kennen, weil Major Tom nicht unbedingt den direkten Weg zum Fahrziel wählt. Wir finden den gemeldeten Schützenpanzerwagen in Lopate nicht und reisen weiter zur Schule nach Vaksince, wo eine Observation stattfinden soll. Ich habe mich gerade abgeschnallt und ziehe meine Kapuze über den Kopf, als der Chef auch schon die Operation beendet: „Lasst uns bloß abhauen. Das ist einfach zu kalt hier." Nachts gibt es den obligatorischen Anruf wegen irgendwelcher Schießereien, diesmal in Nova Celo. Ich stelle über Lt R fest, dass Kumanovo zum angegebenen Zeitpunkt ein Team vor Ort hatte. So wissen wir sicher: Da hat gar nichts geschossen. Es wollte uns jemand verschaukeln. Ich lasse alle weiterschlafen und haue mich selbst hin. Selbstverständlich, so lasse ich dem Bürgermeister ausrichten, könne er jederzeit anrufen, wenn wieder geschossen wird.

Freitag, 16. November 2001

Der Tag beginnt für die ersten morgens um 0500, weil ein Brand in Lojane gemeldet worden ist. Tomasz fährt zum Kontrollpunkt, um die Feuerwehr abzuholen, die sich alleine nicht ins Albanerland traut. Abends präpariert Major Tom eine leckere Abendmahlzeit. Gerade hat man zur Speisung platz genommen, als das Telefon klingelt. Die üblichen Schüsse zum Abendbrot. Artur wird zum

Überprüfen geschickt. Während wir speisen, meldet er sich zurück: Es wird wirklich geschossen, und zwar auch momentan! Wir rüsten auf, um mit Tomasz nach Nikustak zu fahren. Bei Vistica werden wir der albanischen Bürgerwehr gewahr, die zwei der Schützen dingfest gemacht hat. Es sind zwei Teenager aus Nikustak, die nächtens auf die Polizeiposten geschossen und damit gewaltigen Bockmist verzapft haben. Major Tom schüchtert die beiden ein und überlässt sie den Erziehungsmaßnahmen der Bürgerwehr. Das ist wahrscheinlich die Musterlösung: Wir bleiben neutral, die gemäßigten Albaner bekommen Aufwind und die Störenfriede werden nachhaltig kuriert. An diesem Abend sehe ich mit eigenen Augen, dass die Polen zu den Special Forces gehören. Auf Major Toms Kommando „Ihr übernehmt die Sicherung!" spricht Tomasz zwei kurze Sätze in sein Mikro. Im selben Augenblick hat die Nacht auch schon seine Männer verschlungen. Ich begebe mich ein Stück hangabwärts, um die Straße im Auge zu behalten. Von den Polen fehlt jede Spur. Plötzlich wächst jedoch Kornos direkt vor mir aus dem Boden und signalisiert „Alles klar. Abmarsch!" Diese Burschen verstehen ihr Handwerk. Wir können uns glücklich schätzen, sie bei uns zu haben.

Samstag, 17. November 2001

Bevor ich mit Axel nach Alasevce aufbrechen kann, müssen wir noch Xhefdet und eine Landkarte abholen. Beides wird von Major Tom zur Betreuung von General K benötigt. In Alasevce geht es voran, die Dächer werden präpariert, jedoch gibt es noch keine Baumaterialien. Die Straße ist von Slupcane aus immer noch nicht für Lkw freigegeben, allerdings arbeitet das zivile Team bosnischer Feuerwerker daran. Als wir kurz im HQ sind, taucht IRC auf. Scheinbar arbeitet man doch am Wochenende! Sie wollen plötzlich nach Dumanovce, Alasevce, Izvor - oder vielleicht doch K1? Irgendwas mit einer Pipeline machen, und der mitgebrachte Experte soll irgendwelche Ventile richten. Nach einem kurzem Telefonanruf oder Besuch hätte man das alles geschmeidig arrangieren können. Jetzt soll das Ganze übers Knie gebrochen werden, und diese Deppen verlangen auch noch Garantien von uns über die Straßensicherheit!!! Eigentlich möchte ich ihnen in den Hintern treten, aber die Wasserleitung ist nicht unwichtig. Also setzen wir ein Team ein zur Begleitung bis K1, und dank Major S akzeptieren die Mazedonier sogar den Zivilisten in ihrer Stellung, aber nach Izvor schicken sie so holterdiepolter keine Soldaten mit. Auch ihnen ist nämlich die Minensituation unbekannt. Damit klinken auch wir uns aus, denn Minensucher sind unsere Jungs nicht. Natürlich sind wir nun die Buhmänner, aber die Erfindung des Telefons scheint an den Helden von IRC vorbeigegangen zu sein. Wer rechtzeitig fragt, bekommt auch rechtzeitig Antwort. Unter Umständen sogar positive. Im Camp Fox vertrete ich bei einer Lagebesprechung unseren Chef, der unterdessen mit dem General umhergondelt. Das Meeting ist ziemlich langweilig und macht auf mich keinen viel versprechenden Eindruck. Positiv ist die Bescherung am Ende: Nachtsicht- und Funkgeräte. Unglaublicherweise funktionieren sie sogar auf Anhieb! Mit der Beute im Wagen stellen wir das Auto unterhalb des Betreuungszeltes ab. Während Axel dort einen Kaffee trinkt, sitze ich im Auto und telefoniere mit dem „Betreuungshandy" zu vergünstigten Konditionen nach Hause.

Dabei fällt mir ein alter Mann im OTL-Kostüm auf, der die geparkten Autos umschleicht und irgendwann auf mich zukommt. Nachdem er sich als „Security" vorgestellt und mich als Hauptmann angesprochen hat, will er meinen Ausweis sehen. Ich bedanke mich für die Beförderung und frage, was eigentlich los sei. „Sie mit Ihren Teams werden sich schon noch an mich wenden, wenn Sie Probleme bekommen." Auf erneuten Nachdruck folgt nur noch kryptisches Gesabbel. Als ich um seinen Ausweis bitte, ignoriert er dieses, so dass ich mir die ID-Card selber greife. Ich identifiziere den mystischen Alten so als OTL B. Als er wieder abgedackelt ist, hält ein VW T4 mit mehreren Herren in Fliegerkombis vor mir: „Könntest Du den Wagen ein Stück zur Seite fahren? Du stehst auf unserem Bereitschaftsparkplatz." Selbstverständlich, ich bin doch kein Idiot: Für die Besatzung des Rettungshubschraubers räume ich sofort den Platz! Aber warum hat der Zausel vorhin nichts davon gesagt? Sollte der alte Sack uns wegen Falschparkens belangen wollen? Nach Straßenverkehrsordnung (!) habe ich nicht geparkt, sondern gehalten.

Alessandro lädt mich auf einen Kaffee ein. Er gehört zum italienischen EOD. Inzwischen haben wir mit drei völlig unterschiedlichen Teams zusammengearbeitet, die alle ihre Vor- und Nachteile haben: Die Peniblen ebenso wie die Pragmatiker oder die Schmerzfreien. Wir kommen mit allen gut zurecht. Auf der Fahrt nach draußen stellt Major Tom den Verlust seiner Exception-Card fest. Wir machen uns mit den Burschen vom Geschwader 4 auf dem Weg zu einem Restaurant. Es gibt sehr leckeren Fisch und eine Fleischauswahl.

Sonntag, 18. November 2001

Morgens gibt es Besuch von OSCE-Michael. Er bringt neben seinem Dolmetscher auch die neue Beauftragte für Lipkovo mit: Elena, eine Ärztin aus Tadschikistan. Wir werden durch einen rätselhaften Hauptfeldwebel vom „beweglichen Befehlsstand" des Generals besucht. Seine Leute wollen sich mit einem Dingo und einem Transportpanzer die Straßen ansehen. Axel fährt als Stadtführer bei ihnen mit und verliert prompt sein Feuerzeug. Im Camp Fox mache ich eine seltene Erfahrung: Sinnvolle Arbeitsteilung. In schicksalhafter Fügung begebe ich mich auf der Suche nach Brennholz zur Stabs- & Unterstützungskompanie. Während ich mich schon geistig auf eine Flut von Paragraphen und Ablehnungsfloskeln vorbereite, fällt mir ein Oberfeldwebel der Luftwaffen-Quartiermeisterstaffel auf, der gerade von Holzresten nach Zimmerarbeiten spricht. Ich nehme ihn flugs zur Seite: „Wir zwei müssen reden..." Letztendlich lösen wir beide unsere Probleme. Die Kameraden wollen uns das Holz nicht nur zurechtsägen, sondern sogar vorbeibringen. Und es ist noch nicht mal Weihnachten!

Derweil hat Axel andere Sorgen: Der S2-Stabsoffizier („Security...") geht ihm auf den Zeiger. Nach immerhin einer Stunde darf er das Büro auch schon wieder verlassen, was mich zu der Annahme veranlasst, dass der Alte vielleicht nur Anschluss sucht. Bei einer Nachtpatrouille erproben wir unsere Nachtsicht- sowie die Funkgeräte. Wir haben technologisch einen großen Schritt nach vorn gemacht.

Die interessanteste Beobachtung machen wir allerdings auf die altmodische Art. Als wir im Schritttempo durch Vaksince rollen, läuft vor uns wie selbstverständlich ein Teenager mit Kalaschnikow über die Straße! Als er uns bemerkt, läuft er sofort davon. Axel bricht mit Blick auf die Minenlage die Verfolgung ab: „Der geht ja ab wie Ben Johnson!" Wir klingeln stattdessen den Bürgermeister aus dem Bett und berichten ihm von dem „schockierenden Vorfall". Wir versprechen, ihn über etwaige Zwischenfälle auch künftig immer SOFORT zu informieren. Schließlich hätten wir doch alle kein Interesse daran, dass Vaksince bei der Verteilung von Hilfsgütern wegen einer verschlechterten Sicherheitslage benachteiligt wird...

Ich kann unser Bauerntheater nur bedingt genießen, weil ich in der Kälte feststelle, dass ein zusätzliches Paar Socken unter den Strümpfen eine gute Wahl gewesen wäre. Fröstel, fröstel.

Die Spannung steigt

Montag, 19. November 2001

Nach langem Ringen ist endlich die ersehnte Amnestie für die albanischen Untergrundkämpfer verkündet worden. Wir verteilen Flugblätter mit dem Wortlaut der Amnestie in unserem Zuständigkeitsbereich. Wir müssen allerdings abbrechen, als uns Siggi mitteilt, dass wir in Straza gebraucht werden. So fotografieren wir noch einmal unser frisch gewaschenes Auto, denn die Karre dürfte bereits in wenigen Minuten wieder ockergelb aussehen...

Beim Abzweig an der Tankstelle von Vaksince stellen wir fest, dass ein Stahlseil über den Weg gespannt ist. Den Grund dafür können wir nicht ermitteln, fahren aber sicherheitshalber über Lojane an, um für den General wichtige Digitalfotos vom Fortgang der Arbeiten an der Wasserpipeline zu machen. Wir sehen keinen einzigen Menschen. Warum auch? Die Leute warten ja auf die Rohre von IRC! Treu und tapfer mache ich auftragsgemäß die gewünschten Bilder. Ich fotografiere etwa 1,5 km Graben mit ca. 20 Fotos. Wer's braucht... Kaum wieder im Tal, kommt der nächste Gruß aus Absurdistan. Wir sollen einen Fahrzeugkonvoi in den Bergen suchen. Dort kann kaum ein Geländewagen kurven, aber das mazedonische Verteidigungsministerium spricht von Bussen?! Erwartungsgemäß finden wir nichts. Tomasz fasst zusammen: „Ich weiß nicht, was sich die Mazedonier einwerfen. Aber das Zeug muss gut sein." Ein Lichtblick ist dagegen der Anruf von Selami, der scheinbar sofort nach dem Erhalt unserer Amnestie-Info nach Kumanovo aufbrach. Nun sitzt er überglücklich in einem Café und muss Major Tom unbedingt seine Freude mitteilen. In so einem Moment vergisst man auch schon mal den Bullshit des Tages. Am Abend breche ich wider Willen mit Axel zum FLT Kumanovo auf, weil er OFw G die Haare schneiden will. Scheren trifft es wohl eher. Bei mir zeigen sich Anzeichen eines grippalen Infektes. Ich schnaufe schon bei Tage laut, was auf eine schnarchintensive Nacht hoffen lässt. Als ich nachts wach werde, muss ich wohl auch die im Haus herumschleichende Maus/ Ratte / Wiesel vertrieben haben. Dafür hämmert jetzt ein Specht durch die Gegend. Willkommen auf Orsons Farm.

Team Papa1 mit Dolmetscher bei Nikustak.

Dienstag, 20. November 2001

Ich kränkle herum und vertreibe mir die Zeit mit Staubsaugen. Unsere französischen Kameraden schauen herein und teilen uns mit, dass sie ein Telemeter vermissen. Das Gerät sei einen fünfstelligen Betrag wert. Sie wollen morgen danach suchen und bitten uns, auch die Bevölkerung zu befragen. Während des alltäglichen EOD-Einsatzes gibt Robert eine Kostprobe von geradezu britischer Gelassenheit. Als der Sanitäts-Fuchs sich zwei Reifen platt fährt, gibt es weder Ärger noch Panik. Stattdessen meldet er genauso wahrheitsgemäß wie trocken: „Der mobile Arzttrupp ist nicht länger mobil." Deshalb wird die Sprengung verschoben.

Abends treibt sich der mobile Befehlsstand des Generals im Bereich herum. Unsere Leute widmen sich dem Spiel des FC Bayern im mazedonischen Fernsehen. Die Bildqualität und das Gekicke auf dem Rasen sind ähnlich mies.

Mittwoch, 21. November 2001

Ich spiele weiter krank und putze, immer wieder unterbrochen von Stromausfällen. Scheinbar ist Besuchstag, denn jeder schaut bei uns vorbei. Da ist zum Beispiel Märchen-Man, der aberwichtige „Special-Operations"-OTL, den ich schon auf dem Treppenaufsatz in Notwehr vergraule. „Kein Kaffee, keiner da, Stromausfall" – da geht er wieder. Der französische Leutnant von gestern strahlt über beide Ohren, denn er hat sein Telemeter wieder. Ein Treckerfahrer hatte es gefunden und ihnen übergeben. Die OSCE schaut kurz herein, EUMM sammelt Daten für eine Statistik über Grusino. Der Nachmittag wird durch die Nachricht aufgewertet, drei Leute aus Nikustak wären angeschossen worden. Die nähere Untersuchung ergibt, dass die Jungs vom Tierarzt in Lipkovo behandelt werden. Tatsächlich stammen die Burschen aber aus Mojance und sind beim Holzsammeln südwestlich von Nikustak auf Uniformierte gestoßen, die das Feuer auf sie eröffnet haben. Danach sind sie abgehauen und bemerkten, dass sie leicht verletzt sind: Einer an der Schulter, einer im Oberschenkel, der dritte hat einen Streifschuss quer über den Hintern. Artur kocht vor Wut: „So eine Schweinerei!" Ich untersage ihm, nach dem Tatort zu suchen. Wahrscheinlich würde er den sogar finden, aber welchem Zweck sollte es dienen, nach einer Schießerei wutschnaubend vor einer Armeestellung aufzutauchen? Wir sind als neutrale BEOBACHTER hier, nicht als Beschützer der Albaner und schon gar nicht als Rächer!

Holzsammler oberhalb von Lojane. In den Bergen überall präsent, geben sie gute Kundschafter ab und sind der mazedonischen Armee stets ein Dorn im Auge..

Die Meldung zum JOC bringt dann die wirkliche Eskalation. Man verlangt von UNS, die Polizei zu verständigen. Wozu haben wir eigentlich den Stab??? Der Polizeihauptmann in Skopje versteht kein Englisch und nervt mit ständigen Anrufen. Major Tom rächt sich mit der Denksportaufgabe WGS 84.
Als endlich wieder Ruhe einkehrt, besucht uns das Team aus Kumanovo anlässlich Juve-Bayer Leverkusen. Ein guter Plan, aber das

Spiel fällt wegen Nebels aus. Ich erleide einen weiteren emotionalen Tiefschlag, als mir Siggi mit den Siedlern von Cataan die Karten legt. Robert geht auf Horchposten in Vistica. Dort friert er die halbe Nacht, als Schüsse aus Lojane gemeldet werden. Ich sorge für die Verlegung der Gruppe nach Vaksince, aber auch dort ist, wie schon vorher, nichts zu hören. Ich bleibe bis 0200 auf und versuche, eine penetrante Maus zu fotografieren. Feivel wandert schließlich schon den ganzen Abend hörbar durch das Wohnzimmer. Als ich ihn am Magazinschacht meines G36 schnuppern sehe, greife ich zur Kamera, aber er bemerkt mich– und haut ab. Ich folge seinem Beispiel, übergebe meine Wache und lege mich schlafen.

Donnerstag, 22. November 2001

Morgens erkenne ich, dass meine Uhr stehen geblieben ist. Kein Wunder, dass ich das Zeitgefühl verliere. Ohne Wochenenden ist irgendwie jeder Tag gleich. Meine Erkältung klingt ab, Siggi übernimmt die Erreger. Wir bekommen Besuch von OTL G, der mit seinem Replacement erscheint plus einem Stabsfeld, einem Dolmetscher und Marta, der Mazedonierin. Wir präparieren ein spätes Frühstück, als Dan hereinschneit. Der rumänische Chef des OSCE-Büros in Skopje bietet uns an, mit dem NLA-Presseoffizier Spahti zu sprechen, der nach Lipkovo kommen soll. Major Tom sagt zu, bricht jedoch mit unseren Gästen zur Besichtigungs- und Einweisungstour auf, als nach 45 min noch keine Bestätigung erfolgt. Plötzlich steht Spahti vor der Tür. Nach der letzten Besuchergruppe habe ich weder Kaffee noch Gebäck oder sauberes Geschirr zur Hand. Das ist für ihn jedoch kein Problem, schließlich sei Ramadan... Ich informiere Major Tom, initiiere die Produktion von schwarzem Elixier und regele den erforderlichen Abwasch.
Im fliegenden Wechsel übergebe ich den Gast an Major Tom und breche mit Axel zum Kloster von Matejce auf, weil von dort Explo-

sionen gemeldet wurden. Ein Waldarbeiter (oder besser: -frevler) gibt an, eine einzelne Explosion südöstlich des Klosters gehört zu haben. Der dortige Bergwald gehört nicht mehr zu unserem Zuständigkeitsbereich. Wir fahren trotzdem bis zum Kloster, das keine neuen Schäden aufweist. Auf dem Weg nach oben treffen wir einen Wolf. Der Betreuungsfeldwebel aus dem Camp erkundet hier Strecken für Besuchertouren. Der Gefechtsfeldtourismus scheint einzusetzen. Vorstellen müssten wir uns so eine Besichtigungstour mit mehreren Wölfen, Militärpolizei, einem gepanzerten Fahrzeug. Und uns hätte natürlich keiner gefragt. Als die Kameraden belehrt und abgefahren sind, fällt uns auf, dass so ein Konvoi erstaunlich der absurden Karawane ähneln würde, die die Mazedonier neulich bei Lojane gesehen haben wollen. Ein ungutes Gefühl macht sich breit.

Auf der Abfahrt erfahren wir von „Chirurg" über zwei uniformierte UCK-Kämpfer vor Vaksince. Daraufhin rückt die Gästeschar aus Lipkovo aus, um zu spähen. Befehlsgemäß lässt der Stabsfeldwebel sein Fahrzeug „sofort" stehen – mitten in unserer Ausfahrt. So kann nur ein deutscher Stabstäter handeln. Unsere polnischen Kameraden wundern sich über die wirksame Straßensperre. Tomasz hat wie zufällig eine Granatpistole in der Hand, als er fragt, wann wir denn nun endlich das Auto wegfahren. Das klappt aber nicht, weil das Lenkradschloss eingerastet ist. Die Suche nach den zwei ominösen UCK-Uniformierten in den Bergen vor Vaksince bleibt ohne Ergebnis.

Zur verbesserten Erreichbarkeit schickt uns das Hauptquartier einen Satellitenfunker nebst entsprechender Anlage, der bei uns einziehen soll. Eine Heizanlage hat er nicht dabei, was die Nächte kühl gestalten dürfte. Er darf auf die erste Nachtpatrouille gleich mit. Dort frieren wir am Polizeicheckpoint mit den Polizisten, weil der erwartete Bus sich verspätet. Letztlich kommt er überhaupt nicht. Ein von Major Tom initiierter Taxikonvoi bringt eine Reihe von Schulkindern wenigstens nach Hause.

Freitag, 23. November 2001

Auf dem Marktplatz von Matejce kommt es zu einem Zwischenfall bei der Holzverteilung. Weil ein Albaner nicht auf der Liste für Baumaterialien steht, zieht er erst mal vorsorglich seine AK-47 und fuchtelt damit vor dem Mitarbeiter einer Hilfsorganisation herum. Was für ein Schwachsinn! Artur stellt daraufhin Personalien des Helden fest. Wir erzählen wieder mal vielen Leuten, dass Waffeneinsatz im Moment wenig hilfreich ist. Genauso wenig wie der Notruf einer ICRC (Internationales Rotes Kreuz)-Mitarbeiterin, zwischen Slupcane und Orizari brenne ein Haus. Während die Deutschen aus Kumanovo gleich erst mal die Feuerwehr in unser Gebiet lotsen, suchen wir vergeblich den Brandherd. Irgendwie brennt in Slupcane gar nichts. Ich fahre mit Axel auf einen Berg westlich der Stadt, wo wir den nächtlichen Ort überblicken können. Kein Feuer weit und breit. Die Brandbekämpfer sind sauer. Und womit? Mit Recht. Als wir mit der Sache schon abgeschlossen haben, findet OFw G den Ort des Schreckens: Kein Haus, sondern ein Schuppen glimmt inzwischen nur noch. Und auch nicht in Slupcane, sondern in Opae. Wie sich herausstellen soll, ist die ICRC-Mitarbeiterin noch nicht mit den örtlichen Gepflogenheiten vertraut (wie z.B. Müllverbrennung auf offener Straße, Wärmefeuer an Bushaltestellen etc.). Das Feuer war so furchtbar, dass insgesamt 4 FLT-Fahrzeuge daran stumpf vorbeigefahren sind. Danke, Anke!

Samstag, 24. November 2001

Die Nacht hat Schnee gebracht! Es ist schweinekalt, als wir mit dem EOD nach Strima aufbrechen wollen. Wir holen den mitreisenden griechischen Arzt ins Haus, damit er sich den großen Zeh unseres Chefs ansieht. Major Tom wird krank auf Stube. Unser

Suchtrupp kommt aus Lipkovo gar nicht erst heraus, denn durch den Neuschnee ist die Straße nicht sichtbar, weswegen der EOD die Arbeit einstellt. Axel läuft ständig mit hochgekrempelten Ärmeln herum und fängt sich deshalb von den Italienern den Spitznamen „Man of Antarctica" ein.

Wir nutzen die gewonnene Zeit, um mit einer Thermoskanne Tee nach Lukar aufzubrechen, wo Robert in der Kälte Streife läuft. Auf dem Weg treffen wir Tomasz mit seinem Auto. Wir fahren zum Abzweig nach Maliok zurück. Dort wartet das polnische Fahrzeug nebst Fahrer, nicht aber Robert. Tomasz ist inzwischen auch auf Patrouille! Die Jungs durchstreifen die Berge und tauchen plötzlich vor uns auf, als wir heimfahren. Roberts Hinweis, sie würden in vorhandenen Fußstapfen laufen, beruhigt nicht wirklich. Außer ihnen schleicht also noch jemand durch die Gegend. Nach der Rückkehr beginnt die spannende Phase des Stromausfalls. Diesmal dauert er. Unser Satelliten-Mann schläft im Wohnzimmer, weil die Kälte oben nicht auszuhalten ist.

Sonntag, 25. November 2001

Im sauberen Schnee stapfen Siggi und ich im Kloster von Matejce herum. Bis auf den obligatorischen meterhohen „UCK"-Graffiti ist die Kapelle unversehrt. Selbst die Bleiglasfenster sind intakt. Innen sieht die Sache anders aus. Sämtliche Kirchenbänke haben die Albaner herausgerissen, wahrscheinlich um mit dem Holz ihre Bunker zu befestigen.

Es ist wieder mal schweinekalt. Aber durch den Sonnenschein kommt man sich vor wie im Skiurlaub. Der Blick ins Tal offenbart mehrere verträumte mazedonische Kontrollpunkte. Als wir zur Basis zurückkehren, ist der Strom wieder da. Das ist toll, dadurch ist unser Haus wieder warm. Hitze wollen auch einige Leute in Vaksince und zünden zwei Häuser vor Lojane an. Als ich mit Siggi ankomme, ist von der Feuerwehr nichts zu sehen. Ein Häufchen Leute steht nachdenklich um ein brennendes Lagerhaus herum, während aus einem dreistöckigen Haus orangerotes Licht nach draußen dringt. Ich entscheide mich für einen Besuch beim Polizeicheckpoint. Dort befindet sich tatsächlich die Feuerwehr, nicht jedoch das von Major S. versprochene polnische Team. Wir eskortieren die Brandbekämpfer zum Ort des Geschehens, wo sie ziemlich professionell agieren, und anschließend auch wieder nach Hause. Im HQ müssen Siggi und ich noch mal ausrücken, um den obligatorischen Nachtschusswechsel in Nikustak zu überprüfen. An der Straßensperre treffen wir OFw G und Lt L, die hier einen weißen Yugo vermuten, der mit überhöhter Geschwindigkeit durch Umin Dol gebrettert sein soll. Wir brechen daraufhin wieder nach Hause auf. Da ist inzwischen wieder Stromausfall. Ich lege mich schlafen. Plötzlich leuchtet mir Robert ins Gesicht und erklärt mir, unten wäre ein Mann, der nur Deutsch spräche. Es ist 0430 Uhr. Ich ziehe mich im Dunkel an und hirsche die Treppe runter, um mir die Sorgen eines jungen Mannes anzuhören, der einen weißen Yugo mit deutschen Kennzeichen fährt... Seine Schwester läge in den Wehen. Hervorragend, eine Geburtsszene im Hausflur hat mir heute noch gefehlt. Panik-Kalle will seine Schwester ins Krankenhaus fahren, spricht jedoch kein Mazedonisch und fürchtet, deshalb am Checkpoint aufgehalten zu werden. Das klingt nicht unlogisch. Ich springe mit einem der polnischen Sanitäter und Dolmetscher Jakob ins Auto und fahre voraus zum Kontrollpunkt. Die Polizisten winken erwartungsgemäß das Auto nach korrekter Kontrolle durch. Da stehe ich nun mit meinem Gesicht, morgens bei Frost an irgendeinem Kontrollpunkt. Wenigstens haben wir einen streng neutralen Beitrag zur albanischen Bevölkerungsexplosion geleistet. Zurück in Lipkovo versuche ich dann mit Jerzy vergeblich, den SEA wieder anzuschmeißen. Es ist einfach nur arschkalt, und auch die Dunkelheit hilft uns nicht wesentlich weiter. Im Schein der Taschenlampen befingern wir unbeholfen das Aggregat. Nach etwa einer halben Stunde beschließen wir, bei Tageslicht weiterzumachen. Morgens nach fünf endet mein Tag.

Montag, 26. November 2001

Wir betreuen Colonel LB, der sich unseren Aufgabenbereich ansehen will. In Nikustak warten wir auf den Franzosen, aber der erscheint nicht. Wir erhalten einen Anruf, dass der Konvoi beim Checkpoint vor Arracinovo aufgehalten wird. Auf dem Weg rammt ein einsamer Bundeswehr-Wolf um Außenspiegelbreite einen Golf I, der offensichtlich seinen Feldweg als gleichberechtigte Straße ansieht und nicht wirklich auf die Bremse tritt. Weil ich meine Knie unter dem Kinn habe, kann ich im Rückspiegel nur undeutlich erkennen, dass der Fahrer des Golf auch noch einige Sekunden über die Straßenverkehrsregeln nachdenkt. Als wir am Checkpoint ankommen, können wir vier Fahrzeuge erkennen, die dort scheinbar festgehalten werden. Bei unserer Einfahrt in den Posten packt auch die Eskorte des Franzosen der Mut, und sie fahren entschlossen an uns vorbei. Vielleicht haben die Mazedonier auch nur auf uns gewartet. Dolmetscher Enis kommentiert: „Deshalb mag ich die Deutschen. Bei Euch trauen sich die Mazedonier so etwas gar nicht!" Die Portugiesen verabschieden sich, während Axel den Colonel auf Französisch zutextet. Wir fahren also eine Runde über Ropalce, Matejce und Vistica. In Matejce stoßen wir auf ein brennendes Haus. Die Ruine des Postamtes steht in Flammen und verschafft unserem Gast den richtigen Eindruck. Während Axel in der Ruine die brennenden Holzbalken trennt, schicken wir die Kinder Wasser holen. Ich rede auf den Colonel ein, und Axel löscht das Feuer fast komplett. So lernen die Kinder gleich noch etwas Sinnvolles. Wir bringen unseren Gast nach Nikustak zurück und fahren dann zur Bus-Eskorte nach Kumanovo.

Von dort bringen wir noch Pizza mit und machen uns allen einen schönen Tag.

Dienstag, 27. November 2001

Mit unseren Freunden von der Luftwaffen-Quartiermeisterstaffel kommt auch der Strom wieder. Sie wollen sich den Stromerzeuger zwecks Wartung vornehmen. Da fährt unsereins doch ganz beschwingt nach Strima, denn der Schnee ist geschmolzen. Ab geht es mit dem italienischen EOD-Team in die Berge. Auf schlammigen Wegen erklimmen wir 700m Höhenunterschied, zweimal. Die vielen abgehenden Trampelpfade machen mehrere Orientierungshalte nötig, damit man sich nicht verfährt. Als „Straße" gilt hier alles, was Pkw-Breite hat und von mehr als zwei Autos befahren wurde. Vor Strima erkundet der EOD-Trupp zu Fuß weiter, weil man keine Wendemöglichkeit für den Fuchs sieht. Während wir warten, hören wir 4 Detonationen. Die Herkunft des Lärms lässt sich nicht ermitteln. Vielleicht im Nebental? Vielleicht im Steinbruch Kumanovo?? Wir kehren zurück nach Lipkovo und brechen sofort nach Dumanovce auf. Dort sehen wir nur einen Menschen: Einen schlafenden Taxifahrer! Keine Seele weit und breit, aber am A.... der Welt steht ein Taxi. Der Fahrer wartet angeblich auf einen Kuhhirten. Nun ja, der wird sicher serbische Kühe nach Dodge City treiben. Im Café TFF empfangen wir Besuch von Major B aus dem JOC. Er erzählt von seinen Leiden mit dem Chef des Stabes. Wir leisten kameradschaftlichen Beistand. Beim Mäusefangen funktioniert Knoppers als Köder tadellos. Uns gehen heute 7 Mäuse in die Falle, wobei Siggi mit 5:2 in Führung liegt.
Die Bus-Eskorte startet heute mit interessanten Einsichten: Es ist unfassbar, wie viele Kinder in so ein Fahrzeug passen. Es müssen weit über 100 sein. Wir sollten „Wetten dass...?!" informieren.

Am Kontrollpunkt kommt es zu einer schaurigen Szene. Wir beobachten, wie ein Polizist eine Maske überzieht und sein Gewehr durchlädt, als er auf den Bus zugeht. Mir gefällt dieser Anblick überhaupt nicht, aber albanische Kinder fallen nicht unter unser Mandat. Trotzdem kann ich hier nicht tatenlos zuschauen, schließlich habe ich auch ein Gewissen. Ich muss sofort in diesen Bus! Die anderen Polizisten wirken leicht irritiert, als ich wie selbstverständlich durch den Kontrollpunkt gehe und von hinten in den Bus einsteige. Dort erlebe ich eine Kontrolle der Schülerausweise. Dank meiner Anwesenheit scheinen einige der schreckensbleichen Kinder wieder etwas Gesichtsfarbe zu bekommen.

Als der Bus seine Fahrt fortsetzen kann, führe ich mit den Polizisten ein philosophisches Gespräch. Ich möchte erfahren, wozu es erforderlich ist, zwölfjährige Schülerinnen mit der Waffe zu bedrohen. Der fragliche Polizist erwidert, dass „den Terroristen" kein Plan zu hinterhältig sei. Er berichtet von zwei Kollegen, die für ihre Hilfsbereitschaft mit dem Leben bezahlt hätten. So traut er es den Rebellen selbstverständlich zu, sich im Schutze der Schulkinder durch Kontrollpunkte zu mogeln. Ich wende ein, dass eine Sturmmaske bei einem Feuerkampf auf kürzeste Entfernung überflüssig sei und denke laut über die Geburtenrate in der albanischen Bevölkerung nach. Da jedes der im Bus sitzenden Mädchen später mindestens fünf Kinder gebären wird, könnte allein die heutige Ausweiskontrolle dazu beitragen, dass künftig mehr als 500 neue Mazedonier-Hasser in den Bergen heranwachsen. Dazu braucht es nicht mal die verdrehten Heldengeschichten der Väter und Onkel: Wenn die Mütter Erfahrungen wie die heutige nicht vergessen können, werden sie ihrem Nachwuchs schon die richtige Geisteshaltung mitgeben.

Meine Botschaft ist letztendlich, dass zu einem erfolgreichen Kampf gegen den Terrorismus mehr gehört als die bloße Ergreifung der Terroristen. Vielleicht sehen das die Polizisten ähnlich, jedenfalls stimmen sie zu, künftig auf die Masken zu verzichten.

Mittwoch, 28. November 2001

Die morgendliche EOD-Mission beginnt mit der Suche des richtigen Hauses. Ein „blaues Eingangstor" zeichnet nämlich drei aneinandergrenzende Höfe aus. Selbstverständlich sind wir erst an der dritten Adresse richtig, nachdem wir mit der uns eigenen Feinfühligkeit genügend Anwohner verunsichert haben. „Habt Ihr hier vielleicht Granaten rumliegen?" „Was? Bei uns??" Die Panzerfaustgranaten (RPG) werden durch die Italos geborgen, anschließend noch eine kleine Mörsergranate aus einem Feld. Die Italiener sprengen die Fundsachen neben der alten Stellung bei Bukurica. Als wir sehen, wie viel Plastiksprengstoff sie präparieren, rechnen wir doch mit einem Atompilz. Da kommt auch schon ein Anruf aus dem JOC: Gegen 1130 würde es in unserem Gebiet eine Explosion geben. Erstaunlich. Hatten wir das nicht eben gemeldet? Egal. Wir drängen uns in der Fahrerkabine des Fuchses, um Fotos zu machen. Nach einem leichten Schlag lösen sich die Munitionsteile in Wohlgefallen auf, aber von der Explosion sind wir als nebenamtliche Dangerseeker doch enttäuscht. Die Rückkehr zur Basis bringt uns Besucher der OSCE. Mit dabei ist auch Roger, der Polizeiberater für Ropalce ist. Alle erzählen tolle Geschichten von früheren Missionen: Tirana, Tuzla, Mitrovica. Irgendwie stehen alle auf deutsche und dänische Soldaten. Die Franzosen kommen dabei ziemlich schlecht weg. „The mob came for us, and they left!!! The Danish had to kill 3 people to save us – and they got courtmartialed for it." Als wir an der Schule von Nikustak zur Beobachtung stehen, beginnt ringsum das Salvenschießen. Jeder scheint seine Waffe abzufeuern. Wir räumen unseren Platz und fahren durch den Ort, wo uns alle versichern, dass natürlich nur die Anderen geschossen hätten. In Lipkovo habe ich ein Erlebnis der besonderen Art. Ein Bräutigam versucht, anlässlich seiner Hochzeit ein Schießen anzumelden. Nachdem ich ihm erkläre, dass wir vom Schießen gar nicht begeistert sind, will er einlenken. Vielleicht könne er ja die Gäste überreden, nur mit Pistolen zu schießen. Erwartungsgemäß werden wir durch das JOC wieder rausgeschickt, um wegen der Schüsse zu ermitteln. Erfolgreich halten uns also auch unsere eigenen Leute auf Trab. Da reicht es nicht, dass die Mazedonier ständig rumjammern. Mit ihren Aktionen zum albanischen Nationalfeiertag schießen (!) sich die Anwohner unserer Region jedenfalls ein großes Eigentor. Man bekommt einen Eindruck davon, wie viele Waffen hier trotz „Operation Harvest" noch im Umlauf sind. Mit Tomasz beobachte ich von unserem Balkon aus das Geschehen in Lipkovo. Hier scheint jeder Haushalt automatische Waffen zu besitzen. Tomasz lauscht der Schießerei wie einem Musikstück: „Aaah, ein tschechisches Maschinengewehr!"

Donnerstag, 29. November 2001

Wenn der Morgen ruhig beginnt, muss man auf alles gefasst sein. So steht denn nach dem Frühstück auch der italienische EOD vor der Tür, um heute den Weg nach Bacila zu klären. Dafür braucht man Begleitung. Axel und ich springen in den Wagen, um den Tross nach Matejce zu geleiten. Die Franzosen sind schon seit längerer Zeit nicht mehr dabei. Wahrscheinlich möchten ihre Vorgesetzten die QRF nicht länger am Feldversuch zum Thema Dauerbelastung teilhaben lassen. Das ist vielleicht eine Eigentümlichkeit vom deutschen Chef des Stabes. Wie auch immer, in Matejce verfahren wir uns erst mal, weil der eingezeichnete Weg nach einer schneidigen Rechtskurve vor einer Hauswand endet. Schade. Die Befragung der Einwohner ergibt, dass zwei von drei noch nie etwas von ihrem Nachbarort gehört haben. Da muss dieser Ort ja eine gewaltige Bedeutung haben. Mit der mir eigenen Begeisterungsfähigkeit wische ich aufkeimende Zweifel beiseite und begebe mich also auf die geheimnisvolle Reise zu den drei Mühlen, an denen wir rechts abbiegen müssen. Die eindrucksvolle Waldlandschaft wirkt dank anmutiger Untermalung durch die Besatzung des SanTpz noch besser. Während Landschaftsbilder an mir vorbeischweben, genieße ich den Soundtrack aus dem Funkgerät. Beliebteste Titel sind „Wir stecken fest", „Wir sehen euch nicht mehr" und natürlich „Da kommen wir nicht durch!". Wie im Märchen kommen wir zu einer Furt, an der sich dann auch wirklich Fuchs und Wolf Gute Nacht sagen müssen. Die kommenden 400m durch den Bach und dann an den Wassermühlen rechts (!) schafft der SanTpz tatsächlich nicht. Wir zweifeln zwischendurch kurz an uns, weil ein weiterer Bach aufwärts gefahren werden muss, aber in diesen mündet tatsächlich ein Weg! Nach vielen steinigen Passagen gewinnen wir auf dem letzten Kilometer nochmals 100 Höhenmeter, bis das Führungsfahrzeug stecken bleibt. Hier schlängelt sich ein morastiger Waldweg eine Anhöhe hinauf. Laut Italo-GPS sind wir hier tatsächlich nur 300m Luftlinie von Bacila entfernt, daher entscheiden sich die Spezialisten, die Minensuche zu Fuß fortzusetzen. Da sich die italienischen Pioniere mit den deutschen Sanitätern nicht verständigen können, muss entweder Axel oder ich die Italiener begleiten. So kann an die in sicherer Entfernung wartenden Sanitäter weitergeleitet werden, ob und welche Hilfe benötigt wird.

Als deutscher Soldat kennt man natürlich keine Angst, sondern allenfalls Respekt vor der bevorstehenden Aufgabe. Wenn hier jemand etwas Unerfreuliches vergraben hat, dürften die Spuren inzwischen völlig verwischt sein. Während ich eine gehörige Portion Respekt in mir aufsteigen spüre, greift sich Axel schon das Funkgerät: „Heute bin ich mal dran." Mit gemischten Gefühlen sehe ich die Burschen dann hinter einer Wegbiegung verschwinden. Als sie zurückkommen, erklären sie, man habe viele Wegekreuze gefunden, aber kein Anzeichen einer Siedlung. Sollte ich es geahnt haben?

Auf dem Rückweg lesen wir unseren Sanitätspanzer wieder auf. Beim Erreichen von Matejce ruft uns Lt R vom Team Kumanovo an. Das fabelhafte an Handies ist, dass sie nur dann funktionieren, wenn man es nicht brauchen kann. Und so erfahren wir von einer „nicht explodierten Mörsergranate" an der Hauptstraße in Vistica, um die wir uns nach Möglichkeit kümmern sollten. Major Tom ist beschäftigt: „Ich kurve hier mit dem OSCE-Präsidenten rum, der hat sechs Fahrzeuge mit und mehrere Bodyguards. Ich hab nur Siggi." Daher schlägt sich auch R mit nervenden OSCE-Mitarbeitern herum. Obwohl der Einsatz kein Problem ist, stellt er richtigerweise klar, dass die NATO nicht sofort springt, wenn die OSCE pfeift. In Vistica finden wir ein schulmäßig gekennzeichnetes Leitwerk an einer Hauswand. Die Italiener scheuchen erst die Kinder außer Sichtweite, um dann mit der Spitzhacke das völlig ungefährliche Leitwerk zu bergen. Vor den Augen der OSCE schmeißt ein Italiener das Stückchen Schrott noch zweimal auf den Boden, um die Gefährlichkeit zu demonstrieren. Hatte sich Michael mit seiner Meldung „nicht explodierte Granate" schon ins Fettnäpfchen gesetzt, so setzt er dem Ganzen bei unserer Rückkehr nach Matejce noch die Krone auf. Er wirft mit leeren Hülsen von Mörsergranaten umher und lobpreist seine Sachkenntnis ob seiner Erfahrungen in Tuzla. Da platzt dem italienischen EOD-Führer der Kragen. Nach einer 30sekündigen Hasstirade beginnt sein Kollege zu übersetzen. Selbst die zensierte Fassung enthält noch Schimpfwörter. Essenz: „Wenn Sie so gut bescheid wissen, brauchen wir ja nicht in der Gegend herumzufahren. Nehmen Sie am besten ihren Schrott und verpissen Sie sich!"

Daheim gehen Axel und ich dank Knoppers in der Mäusewertung mit 7:5 in Führung. Nachdem ich draußen im Bach den zweiten Nager zum Schwimmtraining geschickt habe, wollen die Polen den nächsten terminieren. Kornos lässt ihn jedoch entwischen. Wahrscheinlich handelt es sich auch um eine albanische Kampfmaus, denn die uns beobachtende Katze ergreift die Flucht, als das Kleintier auf sie zurennt!

Das Abendessen findet diesmal im Charlie 4 in Kumanovo statt. Dort tauschen wir uns mit dem Geschwader 4 aus. OFw G und Lt L berichten mir von ihrer heldenhaften Festnahme eines Diebes beim OSCE-Büro Lopate. Während G in Sprintermanier den Flüchtenden zu Boden wirft, verliert L ihn aus den Augen. Als er wieder Sichtverbindung hat, kniet G über einem stöhnenden Albaner. Was ist passiert? Nachdem er ihn eingeholt und zu Boden geworfen hat, will G den Mann durchsuchen. Dabei rutscht ihm die Pistole aus dem Holster und fällt selbstredend auf den Kopf des Albaners. Als dieser nach der Waffe fasst, bekommt er zur Belohnung sofort einen Schlag auf die Hand. Hierbei handelt es sich um eine ebenso fortschrittliche wie feinfühlige Konditionierung. Wer eine Waffe anfasst, fügt sich damit nur selber Schmerzen zu. So bringt man vielleicht doch noch Frieden auf den Balkan.

Freitag, 30. November 2001

Herausragendes Event ist der Besuch von General K. Während Major Tom ihn an der Autobahn abholen fährt, reist Axel mit Jakob ins Feldlager. Ich empfange im Café TFF die OSCE-Vertreter, die vom General zum Treffen eingeladen wurden. Wir unterhalten uns kurzweilig, bis der General ankommt. Er betritt das Wohnzimmer und weist die GONGOs (Government Organization/Non-Government Organization) in die Ziele der folgenden Besprechung mit den lokalen Autoritäten ein. Dann marschiert der Tross ab. Tomasz hat derweil einen Sonderauftrag. Er begleitet einen Geldtransport der OSCE aus Skopje. Vor der Abfahrt verabschiedet er sich herzlich bei uns und verspricht, aus Hawaii zu schreiben. Wir machen uns einen Fernsehabend, der bei mir ob der ersten Nachtwache etwas länger wird. Pünktlich zur Geisterstunde tanzen Robert und Tomasz mit Musik-Weihnachtskarten durch das Haus. Ich frage mich, ob wir nicht alle einen kleinen Dachschaden haben.

Tomasz hingegen frage ich, ob er seiner Frau schon von dem vielen Geld erzählt hat. Nein, sagt er, dass solle doch eine Überraschung werden. Mit Tipps zur Geldanlage verabschiede ich mich zur Nachtruhe.

Samstag, 1. Dezember 2001

Wie beginnt man am besten das Wochenende? Mit Hektik. Wollten wir zunächst noch die Meldung über ein Waffenlager bei der Mine in Vaksince ignorieren, kündigt sich Michael zum Besuch selbiger Location an. Da bleibt uns kaum eine Wahl. Als auch noch der italienische EOD in der Tür steht, um heute mal eben den Weg nach Straza zu klären, können wir den Ball zurückspielen und mal die anderen überraschen. „Wir haben auch eine Mission für Euch!" Zusammen geht es nach Lojane, wo wir auf einem Schulhof Indizien dafür feststellen, dass man mehrere Gebäude auf Sprengfallen untersuchen müsste. Das jedoch ist die Aufgabe der mazedonischen Polizei oder der zivilen Demining-Organisationen. Mit Axel, einem ominösen Oberstabsarzt russischer Abstammung sowie einem SanUffz brechen wir gen Straza auf. Den SanTpz lässt der Arzt gleich in Lojane zurück. „Der Fuchs ist super für die Kriegsführung auf Hauptstraßen geeignet." Als wir an der Grabungsstelle der Pipeline ankommen, stellen die Italos fest, dass wir hier eigentlich falsch sind. Auf dem Weg nach Straza-Siedlung kommt das Führungsfahrzeug VM 90 von der Straße ab. Durch das Rangieren rutscht der Wagen immer weiter den Hang hinunter. Der Doktor stellt fest: „Der Balkan ist kein Platz für Experimente. Schon gar nicht im Winter, deshalb bleibt die UCK jetzt auch zu Hause." Der Wagen hat sich über einem Baumstumpf verkantet. Das verhindert gleichermaßen seinen Absturz wie jeden Rettungsversuch. Aber für unsere italienischen Freunde gibt es kein Problem, das sich nicht mit etwas Sprengstoff lösen ließe. So zünden sie unter

99

ihrem eigenen Fahrzeug (!) eine Sprengladung, was auch nicht ohne Wirkung bleibt. „Differenziale defekta", höre ich vom Fahrer. Während wir uns beim Aufziehen der Gleitschutzketten einsauen, hacken die Italos weiter an dem Baumstumpf herum. Schließlich kann Axel mit dem Wolf die Kameraden aus dem Schlamassel ziehen. Kaum haben sie gewendet, rutschen die Herren schon wieder, kommen diesmal jedoch frei. Damit endet die Mission für heute, und Straza bleibt ein Mythos.

Axel fährt mit Siggi nochmals ins Lager, wo er vergeblich den Rechnungsführer aufsucht. Im Anschluss daran brechen Axel und ich zur Nachtpatrouille auf, um die für die Rückkehr der mazedonischen Polizei vorgesehenen Dörfer zu überprüfen. Ropalce erweist sich als ganz schön dunkel. Ohne elektrische Beleuchtung wirkt es fast wie eine verwinkelte Zitadelle. Zweimal stehen wir unvermittelt vor Haustüren, einmal auf einem „Baumarkt." Nikustak und Vistica sind ruhig. Die Polen jubeln über einen weiteren Sieg von Adam Malisz. Warum auch nicht?

Sonntag, 2. Dezember 2001

Wir bekommen Besuch von der OSCE. Während diese im Café TFF herumhängen, kurven Axel und ich durch Nikustak. Dort spricht uns ein Mann an. Vor 20min wäre vom Arracinovo-Kontrollpunkt auf die Kinder geschossen worden, die vor seinem Haus mit Steinen arbeiteten. Zu seiner Überraschung überprüfen wir den Vorfall sofort. Fragliche Kinder „arbeiten" noch immer und sehen erstaunlich ausgelassen aus. Steine gibt es hier auch keine. Hmm. Wir schätzen die Entfernung auf 600m und legen dabei Flaraktypisches Militärwissen an den Tag: An der realen Entfernung von 1,4 km sind wir knapp vorbeigeschrammt... Wir werden herzlich verabschiedet und treffen im Ort auf die Polen Matrix und Dudi, die auf Fußpatrouille sind. Sie streifen seit heute morgen durch

Nikustak, aber geschossen wurde seitdem nicht. Wieder einmal wollte uns jemand einen Bären aufbinden.

Daheim versucht Major Tom den Glühbirnenwechsel in der Küche. Da sich dabei die Fassung aufzulösen droht, wird dreimal sichergestellt, dass sie stromlos ist. Selbstredend leuchtet die Birne auch prompt beim Einschrauben. An manchen Tagen ist alles möglich. Dazu passt auch der abendliche Mega-Auftrag aus dem JOC: Holen Sie ein Erkundungsteam (!) an der Autobahn ab, das sich sonst verfahren würde! Man kann nicht oft genug wiederholen, dass dieser Einsatz den Horizont erweitert. Wie so viele meiner Kameraden war ich der irrigen Auffassung, dass sich ein Erkundungsteam per definitionem durch Orientierungssinn auszeichnet. Macht ja nichts, wir sind lernfähig.

Montag, 3. Dezember 2001

Wir geben der OSCE eine Tour durch die meeting points in unserem Gebiet. Dort soll man sich einfinden, falls eine Evakuierung erforderlich werden sollte. Mit 7 Autos im Schlepptau tingeln wir durch die Gegend. Dabei bleibt ein Auto liegen, das auch Michael trotz großspuriger Verlautbarungen nicht nach Kumanovo steuern kann. Axel erntet viel Verständnis, als er auf dem Marktplatz von Matejce verkündet: „"Was auch immer ihr tut – nehmt den Mann bloß mit! Wir halten es mit ihm nicht aus."

Robert dient als Geldtransporter für die OSCE Skopje. Aber auch er kommt nach dem Eskorten-Dienst wieder nach Hause. Vielleicht ist die Beute nicht groß genug...

Kleine Figuren im großen Spiel

Dienstag, 4. Dezember 2001

Der Besuch im Camp Fox ergibt: Die Auszahlung des Geldes für die Übersetzer ist nicht vorbereitet. Dieses widerspricht den Versprechen der J8-Abteilung. Major S interveniert, so dass immerhin mit anderthalb Stunden Verspätung die Kohle empfangen werden kann. Aus unseren Reihen kriegt Jakob kein Geld. Das liegt vor allem daran, dass er nicht anwesend ist. Als er zum wiederholten Male nicht pünktlich 0800 zum Dienst erscheint, nutzen wir dieses kurzerhand als Erziehungsmaßnahme: Wer nicht kommt zur rechten Zeit, kriegt nur Geld, wenn's übrig bleibt. Am Barbara-Tag lösen Siggi und ich in Lipkovo einen uralten Vorsatz ein. Wir ziehen uns in Sportkleidung an und laufen. Wir traben kaum bis zur Hauptstraße, als schon Tomasz auf uns wartet. Am Straßenrand liegt eine Mörsergranate! Sie ist markiert, also wird sich morgen der EOD drum kümmern. Scheinbar sehen wir deutlich mitgenommen aus, denn unsere polnischen Kameraden bieten uns mehrmals eine Mitfahrt an. Wir laufen jedoch mannhaft weiter zum Sportplatz von Otlja, der irgendwie nicht näher zu kommen scheint. Als wir endlich dort sind, stellen wir fest, dass zwar noch ein Tor intakt ist, aber nicht die Basketballkörbe. Wir laufen zurück und freuen uns schon auf den Muskelkater der nächsten Tage. Der Verzehr des von Enis gespendeten Kuchens will nicht so richtig vorangehen. Der Zuckergehalt des Konditoreiproduktes ist selbst für meinen Geschmack unerträglich hoch. Nachdem wir mehrheitlich feststellen, dass wir damit auch keine Gäste bewirten können, ist der nächste Schritt die diskrete Beseitigung des Beweisstückes. Ich trage die Konsequenzen dieser Entscheidung, und zwar in Richtung Ofen. Dort erlebe ich eine biothermische Sensation: Auch die außerkörperliche Verbrennung von Kohlehydraten bringt Menschen ins Schwitzen.

Schließlich wird es Zeit für die allabendliche Schießerei. In Ropalce soll es heiß hergehen. Tomasz ist überrascht: „Da war ich doch gerade?!" Ein weiterer Besuch im verträumten Ropalce bringt die Wahrheit ans Licht. „Vor 30 Minuten ist ein Konvoi durch Ropalce gefahren und hat auf die Polizisten geschossen." „Interessant. Vor 30 Minuten bin ich selbst durch Ropalce gelaufen. Da wurde weder gefahren noch geschossen." „Ach nein, es war vor einer Stunde."
Daheim fummle ich vergeblich an der SATCOM-Anlage herum. Ich bekomme lediglich Buchstabensalat in der Eingabemaske. Sollte die Kindersicherung eingestellt sein? Oder vielleicht der Offizierschutz? Mit Hilfe des SATCOM-Bedieners aus Kumanovo kann das Problem auch nicht gelöst werden, das sich später als zu niedrige (!) Übertragungsrate herausstellt. Für mich beginnt die Nachtschicht, während der ich Robert bei der Eigenzahnbehandlung mit einem Multitool entdecke. Neben dem Gestochere im Rachenraum irritiert mich auch die vor ihm liegende Pistole. Hier herrscht deutlicher Klärungsbedarf. Meine Nachfrage offenbart eine schlüssige Argumentationskette: „Dentist said, if it hurts, implant has to get out again. It hurts. So?" Während die Bedeutung von Mehrzweckwerkzeugen vielerorts überschätzt wird, muss hier jedoch festgestellt werden: Gut, wenn man welche hat...

Mittwoch, 5. Dezember 2001

Morgendliche Action entsteht durch ein Gruppenfoto. Im Zuge der Unkenntlichmachung werfen sich die Polen in volle Ausrüstung. Da braucht man auch keine Balken über die Augen zu legen. Anschließend brechen wir zu einer EOD-Tour auf. In Vaksince suchen wir nach der Artillerie-Granate, die hier liegen soll. Als wir sie nicht finden, beginnt ein lockeres Herumfragen: „Wer hat denn hier noch Granaten zu Hause?" Schließlich findet Axel das Teil. Der Zünder sei beschädigt, erklärt Alessandro, während er die Granate vor sich herträgt. Die muss zusammen mit der in Lipkovo markierten Granate gesprengt werden. Dieses passiert dann zwischen Lipkovo und Orizari. Als wir wieder in Major Toms Hütte ankommen, läuft mir Tomasz entgegen: „Marco, wir haben ein Geschenk für Dich!" „Eine Kalaschnikow?" „Nein, kleiner." Hinten im Hof finde ich dann unter drei Sandsäcken mein Präsent: eine Handgranate. Ja ist denn heut schon Weihnachten? Jurek hat die Granate von einem Kind in die Hand gedrückt bekommen. Irgendwie störte ihn doch, dass neben dem Sicherungssplint auch der Sperrbügel fehlte. Alessandro, der eben noch einen riesigen Blindgänger trug, winkt ab: "I don't touch this." Hier kann er nämlich NICHT den Zustand des Zünders erkennen. Daher entscheidet man sich zur Sprengung in unserem Garten. Bemerkenswert schnell sind alle Autos aus dem Innenhof verschwunden, und mit einer kleinen Explosion wird das Problem geklärt. Da sind wir nicht nur glimpflich, sondern auch mit Videoaufnahmen davongekommen. Major Tom lässt es sich nicht nehmen, den Vorfall ans JOC zu melden. „Vor unserem Haus ist gerade eine Handgranate explodiert." „Waaas??? Gibt es Verletzte?" „Nein, das italienische EOD-Team hat hier gesprengt." „Verdammt, hört bloß auf mit der Scheiße..."

Nach einem Abendessen in Kumanovo begleite ich mit Axel den Bus nach Lojane. Während der äußerst zuvorkommenden Behandlung der Fahrgäste erhalten wir einen Hinweis auf Schüsse in Lopate. Als man mental schon wieder abhakt, kommt die Info hinterher: „Es wurde auf die Polizisten geschossen! Team Kumanovo war dabei!" Wir brechen sofort nach Slupcane auf, wo die letzten Schüsse hergekommen sein sollen. Dort läuft uns auch Imam Yakoub über den Weg, der über das Geschieße sauer ist. Grund soll die Rückkehr eines freigelassenen Häftlings sein. Nach etwas Smalltalk und Kontrollgängen durch viele dunkle Gassen fahren wir weiter. Wir treffen in Opae eine Ansammlung von TFF-Autos. Dort weist uns Major S in die Lage ein. Aus verschiedenen Richtungen wurde geschossen, zuletzt nicht mehr gezielt. Wahrscheinlich sind der oder die Schützen mit Autos unterwegs, um Verwirrung zu stiften, was ihnen auch gelungen ist. Nach Rückkehr ins RHQ breche ich nochmals mit Siggi auf. Diesmal geht es ins ach so krisengeschüttelte Vistica. Wir beobachten dort nichts Auffälliges, ebenso wenig wie in Nikustak. So haben wir wieder eine Nacht rumgebracht.

Donnerstag, 6. Dezember 2001

Wir besuchen das Camp, wo es zunächst in die Wäscherei geht. Im Anschluss daran holen wir an der Autobahnabfahrt Kumanovo ein Fernsehteam des Verteidigungsministeriums ab. Die Leute möchten Aufnahmen vom Alltag eines FLT machen. Sie lernen unsere Dynamik zu schätzen: Dreimal hat sich das Team gerade die Schuhe ausgezogen, als wir plötzlich wieder ausrücken müssen. So bekommen sie ein wahrheitsgetreues Bild. Erstes Ziel sind die Verhandlungen um den Abzug von Polizei- und Armeetruppen aus den Checkpoints. Möglicherweise werden die Mühle und Ropalce als Stellungen aufgegeben. Im Gegenzug muss die Polizei in den Ort einrücken. Termin ist die Mitte nächster Woche. Bis dahin kann aber noch viel passieren. Wir zeigen dem Fernsehteam noch eine EUMM-Rallye, in dem wir die meeting points abfahren. Das Panzerwrack und die unvorstellbaren Kinderscharen in Matejce liefern dem Kamerateam gern genommene Bilder.

Freitag, 7. Dezember 2001

Wir sind wieder einmal zur Eskorte des EOD eingeteilt. In Vaksince wird unter einem Eimer ein Granatenzünder entdeckt, der vor

Ort gesprengt wird. Es kommt zu Unstimmigkeiten mit den Italienern ob des Gebarens ihrer Sicherungskräfte. Das Dach-MG wird zwar eingezogen, trotzdem geht bei Ihnen nichts ohne Waffe in Vorhalte. Das widerspricht der (erfolgreichen) deutschen Praxis, auf niemanden grundlos eine Waffe zu richten. Enzo regt sich auf, weil er sich auf keinen Fall in seine italienischen Belange reinreden lassen will.

Danach reisen wir in Richtung Orizari, wo wir den Mann aufnehmen, der den Fundort einer Artillerie-Granate bei Lopate kennen soll. Der Typ führt uns stattdessen auf einem Feldweg nach Otlja. Auf dem Acker findet sich tatsächlich eine kleine Granate, von Lopate hat er aber plötzlich keine Ahnung mehr. Der Kerl hat uns schön verschaukelt, aber wir haben darum gebettelt. Positive Nachricht vom JOC: Unser Rückflug soll am 17. Januar stattfinden. Das wäre super, dann hätten wir nämlich schon Bergfest. Ich lasse mich aber mal überraschen.

Samstag, 8. Dezember 2001

Im Camp Fox können wir Leute aus den anderen Liaison Teams treffen, die dort ihre Chefs für ein Briefing abgeliefert haben. Dabei hören wir von den Radusern spannende Geschichten. Auch sie haben tatkräftig für unser aller Gefahrenzulage gekämpft. Sie wurden nämlich gepflegt beschossen, als sie in ihrem Aufgabenbereich umherkurvten. Hatte man zunächst noch nicht die rätselhaften pfeifenden Geräusche um das Auto einordnen können, so fiel nach dem Aufspritzen von Erde rund um die Karre die Erkenntnis leicht: Hier stimmt was nicht! Licht aus und raus! Nachdem Hauptmann L und Major K eine Weile intensiv am Boden herumgehorcht haben, lassen sie das Auto in eine Senke zurückrollen, bis sich die Schützen verausgabt haben. Dann entfernt man sich gepflegt und bemüht sich, das Ganze nicht persönlich zu nehmen. Die

Leute aus Gostivar lernen Italienisch mit Major B. Das Universalwort lautet „uccello", was nichts anderes bedeutet als „Vogel". Damit kann alles und jeder tituliert werden, wie schon in Jägerbrück.

Ein freundlicher Witzbold legt nachhaltig die Poststelle lahm. Deren Verteilung ist immer noch eingeschränkt, seit wegen eines Pakets mit Absenderadresse „Pakistan" erst mal vorsorglich Milzbrandalarm ausgelöst wurde. Was dran ist, wird sich wohl erst in einigen Tagen herausstellen. Nach dem FLT-Plausch holen wir noch OLt R ab. Den kennt Siggi noch aus Studienzeiten. Nun sitzt er im J2-Bereich des JOC und hat nichts Vernünftiges zu tun, so dass er um einen Tag Auszeit beim FLT gebeten hat. Wir begeben uns zum Essen in ein Restaurant in Kumanovo.

Ich fahre im Anschluss mit in die Kaserne, wo ich dank der Internetverbindung unserer FLT-Kameraden meine e-mails überprüfen kann. Dabei belausche ich ein Telefongespräch des Major S, bei dem es um Schüsse von Kilo 1 geht. Major Tom berichtet von besorgten Bürgern aus Alasevce, die ihm in Lipkovo den Vorfall gemeldet hätten. Die Rückfrage von S beim mazedonischen Verbindungsoffizier ergibt: Die Soldaten haben Bewegungen im Vorfeld registriert und tatsächlich darauf geschossen! Zwei Stunden später hat diese Meldung wohl auch die Führung der Mazedonier erreicht, und schon sieht die offizielle Version anders aus: Man habe auf Beschuss reagiert und sich verteidigt. Soso.

Sonntag, 9. Dezember 2001

Feivel Nummer 17 geht ins Netz. Inzwischen hat die Mäuse-Population in unserem Haus scheinbar deutlich abgenommen, denn man hört viel weniger Geraschel. Es kann natürlich auch sein, dass es denen in unserem Zimmer einfach zu kalt ist. Pünktlich zum Kälteeinbruch funktioniert nämlich die Heizung in den oberen Stockwerken nicht. Von Isolation haben die hiesigen Häuslebauer scheinbar auch noch nichts gehört. Ohne mir bautechnisches Fachwissen unterstellen zu wollen, muss ich doch anmahnen, dass ein 2mm starker Spalt neben der Balkontür wohl kaum die Energieeffizienz steigert.

Wirkungsvoll war allerdings der Einsatz der Polizei von Skopje, die 5 albanische Taxifahrer aus unserem Bereich übel zugerichtet hat. Die Gesichter sind geschwollen, und die Körper übersät von Schürfwunden und großflächigen violetten Hämatomen. Mit Blick auf die geplante Rückkehr der Polizei in die Bergregionen ist dieser Vorfall eine bezeichnende Momentaufnahme. So ärgerlich Strafzettel auch sind: In Mazedonien beschwert man sich eben nicht bei Polizisten. Schon gar nicht als Albaner. Sonst gibt es schnell mal eine Abreibung irgendwo zwischen öffentlicher Demütigung und „auf der Flucht erschossen." Jeder nörgelnde deutsche Staatsbürger sollte mal darüber nachdenken, welches Geschenk der „Grundsatz der Verhältnismäßigkeit" ist.

Montag, 10. Dezember 2001

Der italienische EOD beehrt uns des Morgens, um eine Granate aus Lipkovo zu finden und zu sprengen. Tomasz zeigt ihnen eine Artillerie-Granate in der Nähe der Furt Richtung Alasevce, die bei Orizari vernichtet wird. Ich hüte das Haus, während Axel mit der OSCE nach Malina fährt. Unser trügerisches Gefühl der Sicherheit wird wieder zurechtgerückt, als in Nikustak ein Fahrzeug der EUMM beschossen wird. Die Scheibenpanzerung lässt das Geschoss jedoch abprallen. Tomasz untersucht das entstandene Loch und schließt auf Kaliber 7,62mm oder knapp darunter. Interessant bleibt, dass der Schütze das fahrende (!) Auto mit einem einzelnen Schuss aus mehr als 400m getroffen haben muss. Albanische Männer scheinen nicht nur herumballern zu können. Warum aber das

Ganze? Hat J.-P. die falsche Frau angelacht? Oder sind einem Hardliner die Sicherungen durchgegangen? Wir wissen es nicht, ebenso wenig wie die Beweggründe des Major Tom, uns die Durchquerung von Opae zu untersagen. Sinnvollerweise erreicht uns der Befehl erst, als wir den verbotenen Ort gerade verlassen...

Als die Anweisung später wieder aufgehoben wird, bestätigen sich unsere Vermutungen: Der Befehl stammte ursprünglich vom Chef des Stabes aus dem Camp Fox. Hintergrund der Geschichte ist eine Morddrohung gegen Major S. Dieser hatte in Lopate von seinen mazedonischen Freunden gehört, der nächste, auf den geschossen würde, wäre er. Das gab er sofort nach oben weiter und verlangte mit Erfolg die Herausgabe des gepanzerten Wolf des CoS. Dann erklärten ihm die Mazedonier, das sei alles nur ein Scherz gewesen. Ungeheuer witzig. Ein klein wenig Schadenfreude kommt bei uns trotzdem auf. Wir haben die Mahnungen des Major S zum Thema „Fraternisieren" noch sehr gut im Ohr.

In Opae jedenfalls sichten wir ein Feuer in einem Garten. Auf der Straße stehen Autos von TFF und OSCE, was nach einer Absperrung aussieht. Ein polnisches Team fährt gerade ab, als wir aus der Nähe einen brennenden Müllhaufen erkennen. OFw G weist uns ein: „Die OSCE hat hier einen Hausbrand gemeldet." Hausbrand? Da wird es sich wohl um ein Vogelhaus gehandelt haben. Und jetzt soll natürlich die Feuerwehr kommen?! Wir setzen uns unauffällig ab. Inzwischen verdichten sich die Anzeichen dafür, dass hinter den ganzen Bränden Methode steckt. Die Feuer brechen nicht in Wohnhäusern aus und verursachen nie Personenschäden. Sie verursachen Angst, aber keine Medienberichte. Wer steckt dahinter?

Dienstag, 11. Dezember 2001

Heute gibt es Bewegung in der Checkpointfrage. Der Ring aus Straßensperren und Kampfständen von Armee, Reservisten, Polizei und Sonderpolizei behindert seit Monaten die Bewegungsfreiheit der Albaner. Jetzt bewegt sich die Armeeführung. Dies passt zu unserem Gesamteindruck, wonach das mazedonische Verteidigungsministerium von Pragmatikern, das Innenministerium aber von ideologischen Betonköpfen geführt wird. Der T55-Checkpoint Richtung Arracinovo wir auf persönliche Anweisung von Präsident Trajkovski aufgelöst. Davon wissen die dortigen Soldaten allerdings noch nichts. Mehrere TFF-Anrufe bei vorgesetzten Armee-Dienststellen bewirken schließlich Bewegung! Bei Mac Petrol im Herzen unseres Sektors ziehen die Soldaten ihre Straßensperre ein und sichern jetzt nur die unmittelbare Zufahrt. Dass sie die Bevölkerung nicht mehr behelligen löst dort großen Jubel aus. Nach mehreren Monaten können jetzt erstmals wieder Leute in ihr Nachbardorf fahren. Die Stimmung ist at the highpoint, und die Menschen winken sogar den mazedonischen Soldaten zu.

Uns winkt dagegen ein Scheißauftrag: Wir sollen einen (der wenigen) verhassten OSCE-Mitarbeiter von Opae aus nach Lipkovo eskortieren. Eine Eskorte für 5km über menschenleere Straße. Wie ist dieser Mensch überhaupt ohne Hilfe dort hingekommen? Das verrät er uns nicht, als wir ihn am Gemeindezentrum abholen. Diese Laufburschenbehandlung macht irgendwie keinen Spaß.

Für den Lichtblick meines Tages sorge ich selbst: Auf eigene Nachfrage hin (!) erfahre ich von meinem Heimatverband in Deutschland, dass meine Versetzung angeordnet sei. Ab 1. Februar 2002 winken mir eine Beförderung und eine Stelle im PR-Bereich. Das gibt Auftrieb.

Mittwoch, 12. Dezember 2001

Mit Axel breche ich gen Norden auf. Wir haben Vaksince noch nicht erreicht, als wir einen Anruf von Siggi erhalten. Wir sollen umkehren und ein ZDF-Fernsehteam eskortieren, das im Zuständigkeitsbereich drehen will. Wir sichten das Team bereits an der Tankstelle von Opae, wo eine UXO-Sprengung filmreif in Szene gesetzt wird. Wir fahren nach Lipkovo vor. Geschwader 4 rückt mit zwei Fahrzeugen an, in denen sie die TV-Jungs transportieren. In Matejce werden verschiedene Aufnahmen auf dem Marktplatz gemacht, dazu auch ein Interview mit einem älteren Mann. Wir stehen dabei und sichern unsere Fahrzeuge gegen die Hundertschaft ABC-Schützen, die gerade Schulschluss hat. Nach der Rückkehr ins Café TFF bekommen wir Siggi und Major Tom erst um 2300 zu Gesicht. Siggi erzählt uns von den zähen Verhandlungen des Tages zum Thema Polizei-Rückkehr. Die Gespräche mit Polizei und den betroffenen Dorfoberen treten lange auf der Stelle, weil niemand Zugeständnisse machen will. Manche Verhandlungspunkte werden bis zu fünf Mal durchgekaut, mehrfach droht die ganze Veranstaltung zu platzen. Zwischenzeitlich hält gar noch einer dem Chef der Bürgerwehr von Nikustak eine Pistole an den Kopf. Schließlich bietet die Polizei an, die Rückkehr auf Freitag zu verschieben. Darauf einigt man sich schließlich, so dass sich Dan (Chef der OSCE-Mission), Major Tom, Spahti und einige Dorfobere zu einer weiteren Besprechung treffen. Im Ergebnis geben die albanischen Funktionäre eine Sicherheitsgarantie für den friedlichen Ablauf der Operation ab. Da kommt es besonders gut, dass das Crisis Management Center (CMC) auf Drängen des Stabes TFF (!!!) trotzdem die Rückkehr der Polizei für morgen ansetzt. Damit hat unser Stab auf einen Schlag nicht nur die Liaison Teams, sondern auch die OSCE und vor allem die gemäßigten NLA/UCK-Führer unglaubwürdig gemacht. Zur Begründung erklärt uns Major G lapidar: „Was wollt ihr denn? Bei Euch wurde keiner erschossen, also kann die Lage so schlimm nicht sein." Wozu leistet man sich eigentlich Liaison Teams, wenn man sie ständig ignoriert?

Als Sahnehäubchen beauftragt man uns auch noch mit der Unterstützung der Polizei-Rückkehr nach Orlanci. Dort kennt uns kein Mensch, denn der Ort liegt im Süden außerhalb unseres Aufgabenbereiches. Bei einer für den Stabilisierungsprozess im Lande derart symbolträchtigen Operation tappen wir dank unserer militärischen Führung komplett im Dunkeln. Wir kennen weder Ansprechpartner noch aktuelle Lage, weder das Gelände noch Stärke oder gar Absichten anderer Kräfte im Einsatzgebiet.

Der Antrag des Major Tom, am kritischen Tage die deutsche Quick Reaction Force in Umin Dol zu stationieren, weil sie von dort in Richtung jedes Problempunktes nur etwa zwei Minuten Fahrzeit hätte, wird ebenfalls lässig abgelehnt. Im Bereich Mojance seien italienische EOD-Soldaten unterwegs, deren Sicherungskräfte (=4 nervöse Soldaten in ihrem Pseudopanzerwagen) könnten ja im Notfall eingesetzt werden. Das mag man sich gar nicht vorstellen. Es ist höchst fraglich, dass diese Italiener uns in den verwinkelten Dorflabyrinthen rechtzeitig finden. Und falls es wirklich zu einer Eskalation kommen sollte, hätten die zu viert gegen einen wütenden Mob oder gar in Häusern verschanzte Rebellen nicht den Hauch einer Chance. Es ist gut zu wissen, dass der Mensch für das deutsche Militär im Mittelpunkt steht. Vor allem zur Förderung der eigenen Karriere.

Donnerstag, 13. Dezember 2001

Das ZDF-Frühstücksfernsehen bringt uns das geheimnisvolle Mazedonien näher. Der Bericht zeigt Lt R im Kurzinterview, aber die Szenen aus Matejce sind herausgeschnitten.

Die morgendliche Lagerunde hat diesmal ungewohnt ernsten Charakter: Marschwege, Frequenzen, Sammelpunkte. Die Ignoranz des Stabes wirkt sich spürbar aus: Wir tragen seit langem mal wieder die Bristolwesten. Auf die Rückführung der Polizei hatte die Bürger von Orlanci niemand vorbereitet. Wir haben das ungute Gefühl, hier als Bauernopfer herhalten zu müssen. Die drei polnischen Teams operieren in Nikustak, Vistica und Ropalce, Siggi und

Major Tom und Ropalce. Ich habe mit Axel die Stimmung im Norden zu erfühlen. Wir kommen aber nicht weit. Spät realisieren die Jungs aus Kumanovo, dass sie über keinerlei Albanisch-Dolmetscher verfügen. Dadurch wird das Verhandeln in einem Albanerdorf wie Orlanci vergleichsweise schwierig.

Während die Polizei Nikustak erreicht, nähert sich aus Umin Dol das FLT Kumanovo mit den OSCE-Polizeiberatern.

So eilen Axel und ich zu Hilfe, um unseren Übersetzer Jakob zum Einsatz zu bringen. Wir erreichen den Marktplatz, wo eine kleine Gruppe von Menschen skeptisch auf die fremden Männer in den Körperpanzern beäugt. Lt R und Lt L sind bereits im Ort und weisen uns in die Lage ein: Die Bürger sind unruhig, oberhalb des Dorfes kampieren 60-80 wehrfähige Männer, die Probleme machen könnten. Von Polizei ist noch nichts zu sehen, ein polnisches Team beobachtet uns von einem Hang östlich des Dorfes. Ein armenischer OSCE-Beobachter sorgt für Stimmung. Er parkt auf dem Dorfplatz gekonnt die Bundeswehrfahrzeuge zu. Lt R: „Seine erste Frage heute morgen war: Wo sind denn die gepanzerten Fahrzeuge?" „Welche Panzer?" „Ich denke, die NATO schützt das hier?!" „Richtig, ich mache das..."

Wir gehen erst mal auf die Leute zu und gewinnen auch gleich einige Gesprächspartner. Major S ist unterdessen wieder einmal in Sachen PR unterwegs, während andere auf dem Marktplatz auf eine Eskalation warten. Von unserer Position aus können wir erkennen, dass neben den Polen am Hang weitere Bundeswehr-Fahrzeuge aufgefahren sind. Major Tom tourt derweil durch unsere Dörfer, wo sich die Polizei ebenfalls verspätet. Der armenische OSCE-Beobachter muss ganz dringend an den Dorfrand. Man könnte natürlich auch unterstellen, er will sich bloß verdrücken. Wir begleiten ihn und starren aberwichtig in eine Kiesgrube am Horizont. Schließlich kommen die Polizisten an. Die Stimmung der Leute bessert sich deutlich, als sie bemerken, dass von den 5 Polizisten 3 Albaner sind. Sie unterhalten sich mit den Einwohnern und gehen schließlich auf einen Spaziergang durch den Ort. Als sie zurückkommen, ist der ganze Marktplatz voller Menschen, darunter eine Vielzahl von Kindern. Friedlich geht die Veranstaltung zu Ende, und wir fahren weiter nach Nikustak.

Dort warten wir mit Robert auf die Polizei, die spät eintrifft. Schließlich ist die Kreuzung zugeparkt von unzähligen offiziellen Fahrzeugen. Wir tingeln noch nach Ropalce und Vistica. In Ropalce schätze ich den Anteil der Einwohner an der Menschenmenge auf 10%. Überall geht die Vorstellung der Polizisten nahezu reibungslos. Das liegt wohl auch daran, dass die zuständigen Polizeikommandeure nicht nur bei der Personalauswahl unerwartetes Fingerspitzengefühl bewiesen haben.

Abends bekommen wir Besuch von einer Familie, deren Tochter aus Berlin nach Skopje geflogen ist und jetzt auf dem Flughafen festgehalten wird, weil die Behörden den vorläufigen deutschen Reisepass nicht akzeptieren. Unser Anruf bei der deutschen Botschaft sorgt dort für Verwunderung. Ein Hilferuf zu später Stunde

OSCE-Beobachter im Gespräch mit Polizisten und Anwohnern bei der Polizei-Rückkehr nach Nikustak.

scheint nicht ins Weltbild deutscher Beamter zu passen. Nach einer Stunde Telefonterror kann die Botschaft immerhin dazu bewegt werden, sich des Falles überhaupt anzunehmen. Wäre Fräulein M. Amerikanerin, hätten die Marines wohl inzwischen den Flugplatz gestürmt. Leider ist sie „nur" Deutsche, und so stellt sie für die Botschaft eher eine Belastung als eine Landsfrau dar. Öffentlicher DIENST ist etwas Wunderbares: Wahrscheinlich muss man erst tot sein, bevor in einer deutschen Botschaft jemand seinen Hintern aus dem Ohrensessel hievt.

Wintereinbruch

Freitag, 14. Dezember 2001

Der Blick aus dem Fenster zeigt waagerecht fallenden Schnee. Weihnachtliches Treiben begleitet die Teams, die in die Reentry-Dörfer aufbrechen. Ich friere zunächst in Nikustak. Im Gespräch erfahren wir von einem weiteren Polizeiübergriff. In Cerkesi haben Reservepolizisten bei einer Routinekontrolle einen Mann gezwungen, seine Schuhe auszuziehen und im Schnee zu warten, bis man seine Treter durchsucht hatte. Wir können den Mann an die Polizei verweisen, wo der Vorfall aufgenommen wird. So soll sich ein „normaler" Ablauf etablieren, zu dem weder Schießen noch Straßenblockaden gehören. Wir sehen OTL S, den Führer der Liaison Teams, und auch Major S (diesmal ohne Medienbegleitung).
Ich lerne eine weitere Lektion fürs Leben, als der durch die Polizei angeforderte Streuwagen an mir vorbeifährt. Innerhalb weniger Sekundenbruchteile bekomme ich mehrere Steinchen gegen den Oberschenkel geschleudert und sehe ein, dass man bestimmten Situationen am besten aus dem Wege geht. Wir kurven weiter durch Vistica und Ropalce und suchen im Anschluss nach der „Standortschießanlage" der UCK Nikustak. Tom von der EUMM will sie dort gesichtet haben, jedoch finden wir nicht einmal den beschriebenen Zufahrtsweg. Also geht es noch mal nach Orlanci.
Bei einer Runde durch den Ort erhält unser Wagen plötzlich einen gewaltigen Schlag. Unsere Ölwanne ist noch heil, was ein Wunder ist angesichts des Okolyten, den wir gerammt haben. Wir kehren ins Café TFF zurück und erfahren, dass im Tagesbefehl der 17. Januar als Abflugtermin festgezurrt ist. Team Kumanovo soll bereits zum dritten Male um Verlängerung des Einsatzes gebeten haben. Siggi hat ein Erlebnis der dritten Art, als er zum zwölften Male die

Koordinaten des Checkpoints in Mac Petrol ans JOC meldet. Als Siggi und Thomas zum Kauf von Pleskavica aufgebrochen sind, meldet Kirzu Besuch. In der Tür steht Spahti und macht einen würdevollen Eindruck. Ich bitte ihn herein. Die Kaffeemaschine wird angeworfen, Axel holt Major Tom mit dem Auto zurück. Grund des Besuches sind Sicherheitsfragen in Bezug auf die Umsetzung der Amnestie durch Armee und Polizei. Dieses Thema interessiert ihn ganz persönlich, weil er ebenfalls nach Kumanovo reisen will. Major Tom rät ihm schließlich, das Angebot des Polizeichefs für ein sicheres Geleit anzunehmen, worauf man sich auch einigt.

Samstag, 15. Dezember 2001

Unsere polnischen Kameraden stören uns mit großem Hallo beim Frühstück. In der deutschen Welle läuft eine Reportage über Mazedonien. Und tatsächlich: Major S erzählt uns aus der Glotze Wissenswertes über unser Einsatzland. Der Beitrag enthält einige Detailfehler. So wird Matejce mal eben in „Matovice" umbenannt, und der eingeblendete „örtliche Albanerführer" ist in Wirklichkeit der stellvertretende Polizeichef von Kumanovo. Abgesehen von der Tatsache, dass sich Major S in unserem Aufgabenbereich ablichten lässt, verkauft er die Arbeit der Liaison Teams medienwirksam und verständlich. Das war ein gelungener Auftritt.
Ich fahre mit Siggi nach Skopje, wo wir in KFOR-Rear HQ einkaufen. Anschließend geht es zu den diversen Shops um den Flugplatz Petrovec. Bei den Italienern suchen wir erfolglos nach Wintermützen, auch MagLite-Zubehör gibt es nicht. Danach geht es zum Camp Fox, wo wir drei leere Diesel-Kanister gegen volle eintauschen wollen. Der diensthabende Tankstellen-Hauptgefreite weist uns daraufhin, dass einer der Kanister gesondert verbucht werden müsse, wenn er nicht für ein Fahrzeug bestimmt sei. Und wenn wir

einfach behaupten, die wären alle für Heizgeräte? Die Antwort offenbart die wahren Prioritäten im Feldlager: „Ja, wenn Sie das so verbuchen können..." Können wir, keine Sorge.

Dann stolzieren Siggi und ich noch durch den Stab, greifen Wäsche und Bettwäsche ab, kaufen im Marketender-Laden Leckereien. Ich telefoniere mit meinem Bruder und bin positiv überrascht, als er von einer Informationsveranstaltung des Familienbetreuungs-zentrums berichtet. Es scheint sich wirklich jemand um die Da-heimgebliebenen zu kümmern.

Dann geht es wieder nach Lipkovo. Ich philosophiere mit Siggi über die Freiheiten, die uns der Einsatz als FLT bringt. Wir können fahren wohin wir wollen, müssen uns nicht am nervenaufreiben-den Stabsterror beteiligen, wir kommen aus der Eintönigkeit des Lagers heraus – wann wir wollen, wie wir wollen. Das große Man-ko: Niemand kann unsere Arbeit einschätzen, und deshalb interes-sieren sich die Entscheidungsträger einen Dreck für uns. Die zum Teil unter hoher persönlicher Gefahr gewonnenen Informationen werden im Stab förmlich weggeworfen. Man braucht persönliche Beziehungen zu ausgewählten Soldaten, wenn man sichergehen will, dass eine Meldung nicht sinnentstellt oder einfach ignoriert wird. Aber was für ein Bild gibt es von der Task Force Fox, wenn ich nur bei zwei Soldaten meines Vertrauens eine wirklich wichtige Meldung absetzen kann, ohne dass sie im Strudel der Ereignisse einfach untergeht...

Major Tom gewinnt heute einen Freund für's Leben. Als Spahti nach 10 Monaten Trennung seine Familie wiedersieht, rollen die Tränen. Selbst Major Tom ist gerührt. Zur Verbesserung der Stim-mung reisen Jakob und Xhefdet nach Hause, da morgen Bairam ist. Außerdem hat Kornos auch noch Geburtstag, wodurch Siggi zum Verzehr von Smirnoff-Wodka gezwungen wird. An mir geht dieser Kelch vorbei, weil ich mich wegen meines Hustens schon früher ins Bett gelegt habe. Der nächste Tag kann kommen.

Sonntag, 16. Dezember 2001

Bairam! Der Morgen beginnt mit Dauerfeuer aus jedem Haus in Lipkovo. Ich fahre nach Orlanci, wo die offizielle Polizeipräsenz ganze 10 Minuten dauert. Ich werde mit Siggi eingeladen, und für uns wird mächtig aufgetafelt, obwohl doch nur „eine Kafe" gesagt war. Die Atmosphäre ist sehr nett, beinahe westlich. In diesem Hause dürfen Frauen sprechen und im selben Raume bleiben. Von unserer rumänischen Connection in der OSCE erfahren wir, dass Hakub „the Grobian" aus Armenien schon fünf Autos geschrottet hat, aber wegen seines Diplomatenstatus unantastbar ist. Am Vortage ist die Polizei auf sein Antreiben beinahe aus Orlanci geflohen, als der Dorfchef Stunk machte. Und Lt R konnte dann wohl nur noch auf den Zug aufspringen, anstatt vernünftig gegenzusteuern. Ich kurve mit Siggi durch die Dörfer und beschenke die Kinder. Wir verfügen mittlerweile über eine kleine Kiste Süßigkeiten, die uns eine Hilfsorganisation zum Weihnachtsfest für die Kinder überlassen hat. Das war wirklich eine schöne Geste, allerdings dürfte in einem 100%ig muslimischen Gebiet die Zahl der Weihnachtsfeiern recht überschaubar bleiben... So ist heute wohl der richtige Zeitpunkt, um „Schokolada" an die Kinder zu verteilen. Es macht jedenfalls großen Spaß. Leuchtende Augen gibt es in Vistica, wo uns zwei Jungen aus ihrem Beutelchen Bonbons schenken, um sich zu bedanken. Später schleppen wir zur Starthilfe auch ein liegengebliebenes Taxi an – gute Laune aller Orten.

Montag, 17. Dezember 2001

Zum Frühstück erscheint Axel leicht gereizt. So fährt er unserem Satelliten-Funker kräftig in die Parade: „Haben Sie nicht im Keller was zu bügeln?" Keine Ahnung, was da vorgefallen ist. Jedenfalls hat der Hauptgefreite inzwischen von den Polen den Spitznamen

„Radar" erhalten. Wie ich aus vertraulicher Quelle erfahre, verdächtigt man ihn nämlich ob seiner Körpermaße, heimlich eine Satellitenschüssel vor dem Bauch zu tragen... Im morgendlichen Schneetreiben geht es mit Axel und Thomas zum Camp Fox. Etwas vorschnell nehmen wir in Opae die Schneeketten wieder ab, weil in der zivilisierten Welt die Straßen angeblich geräumt sind.

Im Camp gehe ich zum Arzt, während die anderen nach Skopje weiterfahren, um Xhefdet einzuladen. Ich erhalte ein Hustenmittel und fahre mit den anderen über Umin Dol nach Nikustak, wo es erst mal stockt. Am Ortsausgang steht auf der Straße eine weiße Wand. 60- 70cm Neuschnee stoppen den Einmarsch der Polizei. Schnell wird Siggi aus Orlanci herangeordert, der mit seinen Schneeketten und roher Gewalt auch tatsächlich die Strecke bewältigen kann. Während Axel und Major Tom Schneeketten aufziehen, kann ich am Horizont dunkle Punkte erkennen, die sich als die französische QRF herausstellen. Als ich ebenfalls einen Reifen mit Schneeketten präpariere, läuft Axel wutentbrannt an mir vorbei: „Halte mich auf, oder ich bringe ihn um!!!" Da gab es wieder Unstimmigkeiten mit Radar, was innerhalb von 60 Sekunden nach seiner Ankunft schon wieder böses Blut hervorruft.

Ich steige in Siggi´s Wagen um und gewinne dadurch das interne Wettrennen nach Nikustak. Dort kommen Leute auf uns zu, die von einem schwerkranken Kind berichten. Zunächst wird der Arzt von Matejce, dann aber das Krankenhaus Kumanovo als Reiseziel erkoren. Wir holen das Kind ab, verfrachten die Familie in ein polnisches Auto und fahren mit Lt R und OFw G nach Kumanovo.

Siggi und ich brechen auf nach Ropalce, wo wir aber nicht ankommen. Auch nach einer Pinkelpause gelingt es dem Fahrer nicht, gegen die Schneemassen auf dem Weg anzukommen. Gelände-Allradantrieb und Schneeketten reichen nicht aus. Wir kehren zurück und sehen Robert. Der sitzt in Socken in seinem Auto und wärmt seine Füße. Die Polizei ist inzwischen aus Orlanci abgezogen, während sie die anderen Orte gar nicht erst erreicht hat. Wenigstens meldet Artur die Strecke Vistica-Matejce befahrbar.

Die Fremdenlegion im Wintereinsatz. Eisiger Wind und bretthart gefrorener Schnee gehören zum Tagesgeschäft.

Da berichtet Lt L, in Lopate wäre ein Zug in ein Auto gerast, wobei ein mazedonischer Fernsehjournalist umgekommen sei. Ach du Scheiße. In Lopate arbeitet auch der von Dan organisierte Schneepflug, den ich denn auch mit Siggi suchen fahre. Inzwischen empfangen Axel und Major Tom zwei Generale in Kumanovo. Mit unserem Wolf ziehen wir auf dem Weg zahlreiche Autos aus dem Graben. Dank des Verkehrschaos kommen wir nur langsam voran. Bei einer weiteren Pause uriniere ich „UCK" in den Schnee, bevor wir in Otlja auf den Schneepflug treffen, oder besser gesagt, auf den Stau, den er verursacht hat. Der Fahrer hat keinerlei Platz zum Rangieren, weil jeder freie Meter sofort von nachrückenden Autos vereinnahmt wird. Die Albaner fahren ohne Winterreifen, ohne Schneeketten und, vor allem, ohne Verstand. Die nötige Sperrung der Straße können wir zu zweit nicht bewerkstelligen.

Ich erspähe einen polnischen Geländewagen und laufe hin, um die Jungs mit einzuspannen. Aber auch hier gilt Murphy's Law: Sie gehören zum Kumanovo-Team und sind auch nur zu dritt. Zwei Soldaten und ihr Dolmetscher, nur der Fahrer spricht englisch. In gebrochenem Russisch mache ich dem Truppführer klar, dass er die Straße abriegeln soll, damit die örtlichen Vollidioten nicht weiter in die Engstelle einfahren und dann blöde auf den Schneepflug starren. Gesagt, getan. Damit ist das Nordende verarztet. Da taucht aus Matejce die französische QRF mit zwei Schützenpanzern auf. Ich stürze also zu denen. „English? Deutsch? Russie?" Man kann auch mal Glück haben: Der Kommandant ist Schwabe! „Könne mer helfe?" Zügig blockieren sie den Südteil der Straße. Dann lasse ich den Verkehr zwischen den Sperrpunkten abfließen, so dass der Pflug wieder arbeiten kann. Ich stehe an einer Kreuzung und spiele dort den Verkehrspolizisten, regle den Verkehr und löse den Stau auf.

Als buchstäblich letzte drei Autos aus Richtung Lipkovo sehe ich TFF-Fahrzeuge: Thomas und die Generale! Die Herren haben denn wohl ein Weilchen warten dürfen. Da muss ich denn doch ein klein wenig schmunzeln, während ich salutiere. Das Lachen vergeht mir aber schnell wieder, denn ich werde von einem Mann angesprochen. „Wieso macht ihr nicht die andere Seite frei? Hier kann ich gar nicht fahre mit meine Auto." Mit „andere Seite" meint er dabei seine Garageneinfahrt. Ich erkläre ihm, dass ich mich als Soldat nur um die Schneeräumung kümmere, weil ich so ein freundlicher Mensch bin. Und deshalb weise ich ihn auch freundlich auf die zwei schnellsten Möglichkeiten hin, mit denen er wieder mobil wird: Schneeketten kaufen oder selber Schnee schaufeln! Das scheint jedoch nicht die Antwort zu sein, die er hören wollte...

Kaum sitze ich wieder bei Siggi im Auto, werden wir nach Lopate umgeleitet. Dort soll ein weiterer Schneepflug warten, der sich nicht in das Albanergebiet traut. Wir holen den Fahrer und den Chef des mazedonischen Straßenräumdienstes ab, der daraufhin bei uns mitfährt. Wir kommen bis Lipkovo, als wir wiederum einen Sonderauftrag abfassen: Sofort zum OSCE-Hauptquartier! Jerzy übernimmt mit zwei Mann, weil Robert beim Dentisten ist. Inzwischen ist bei uns allen der Blasendruck ins deutlich Spürbare gestiegen, so dass nach Erreichen des OSCE-Gebäudes nach „Hallo!" sofort die Frage nach der Toilette folgt. Dort performt Siggi den Elch. Sein Röhren zeugt von erheblicher Erleichterung.

Laut Buschfunk steht die Absetzung des örtlichen Polizeichefs N bevor, der sich in den kritischen Phasen der letzten Tage durch besonnenes Handeln ausgezeichnet hat. Jetzt droht sich die vermeintliche Sicherheit der Amnestie für Ex-NLA/UCK-Kämpfer in Luft aufzulösen: De facto ist momentan nämlich die einzige Garantie für die tatsächliche Umsetzung der Amnestie das persönliche Ehrenwort N's. Aber genau darauf können die ehemaligen Rebellen jetzt nicht länger vertrauen. So hat Dan vor dem OSCE-Quartier einen Konvoi zusammengestellt, der mehrere Ex-NLA-Kämpfer zurück ins Albanerland bringen soll.

Mit einer solchen Aktion begeben wir uns auf eine echte Gratwanderung, ergreifen wir doch damit Partei für eine der Seiten. Dan's Plan ist sinnvoll, notwendig und wird auf mittlere Sicht sogar hilfreich für den Friedensprozess sein. Aber das Bundestagsmandat für unseren Einsatz fordert „Neutral sein", nicht „das Richtige tun". Falls etwas schief geht, kann ich nur hoffen, dass mich ein juristisches Schlupfloch vor der eigenen Justiz rettet. Ich erkläre Dan, dass ich nach den rules of engagement Mitarbeiter und Eigentum der OSCE notfalls mit Waffengewalt beschützen darf. Er brauche mir nicht zu sagen, wer in welchem Auto sitzt, weil ich davon ausginge, dass es sich um alte und neue OSCE-Mitarbeiter handele. Er versteht diesen Wink mit Zaunpfahl sofort. Wir brechen auf und passieren die mazedonischen Kontrollpunkte völlig reibungslos. In Lipkovo trennen sich die Wege wieder.

Daheim steht Rushdi in der Tür. „So eine Scheise, isse schon wieder die Strom weg." Aber auch da gibt es noch eine Steigerung. Ein alter Mann besucht uns und jammert Siggi die Ohren voll. Die Schafe haben nichts zu fressen. Nun möchte er wissen, was wir dagegen tun würden. In den vergangenen Wochen haben wir dem einen oder anderen Bauern gerne helfend unter die Arme gegriffen, zum Beispiel wenn wir bei unseren Patrouillen entlaufene Pferde oder Kühe gesichtet hatten. Aber Schaffutter ist dann doch nicht ganz unsere Baustelle. Siggi verweist den Mann an den Bürgermeister, der sich verdammt noch mal um solche Aktionen kümmern soll.

Der Schnee macht alle gleich. Wer seinen Geländewagen beherrscht, ist ein wenig gleicher.

Dienstag, 18. Dezember 2001

Die Temperaturen sind auf –9° C gefallen. In unserem Haus gibt es keine Heizung mehr, kein heißes Wasser und nur sporadisch Strom. Im Schlafraum ist die Temperatur knapp über null. Alles dufte. Durch die Fahrerei des gestrigen Tages leidet unsere Karre unter extremem Spritmangel. Deshalb brechen wir nach Camp Fox auf, um morgens noch zu tanken. Toller Tagesauftakt: An der Tankstation prangt das Schild „Closed". Nun ja, bei der Heiligkeit der Öffnungszeiten wundert denn auch nicht, dass das Tankfahrzeug weg ist. Aber in drei Minuten soll der Betrieb planmäßig beginnen, und von den Tankleuten gibt es keine Spur. Wir fangen sie auf dem Weg zu den Fernmeldern ab und nötigen ihnen den Diesel für das Auto und drei Kanister ab. Nach 37 Minuten können wir schon wieder abdampfen.

Wir fahren nach Orlanci, um den Einzug der Polizei zu überwachen. Wir sind als erste dort und bleiben auch recht lang allein. Nach einer Weile treffen zwei OSCE-Autos ein. Mit dabei sind zwei nette junge Übersetzerinnen. M ist eine kleine Augenweide, was nicht nur an ihrem Mantel in meiner Lieblingsfarbe liegt. Die Funkgespräche mit dem Kumanovo-Team ergeben, dass die Straßenlage immer noch schlecht ist und schon in Ljubodrag der Verkehr zum Erliegen kommt. Auch unsere Polen können nicht nach Ropalce vorstoßen, und Nikustak ist abgeschnitten. So stehen die Chancen für die Polizei sehr schlecht, und die Lipkovo-Teams werden abgezogen. Als wir für den Heimweg gerade mit dem Aufziehen der Schneeketten beginnen, naht Hakub the Grobian mit der Polizei. Die Polizisten begeben sich auf zwei Fußstreifen, dann fahren sie nach Grusino. Wir beschließen, den Weg nach Nikustak zu testen. Bei dem Test bleibt es denn auch, da Siggis zweiter Anlauf in einer Schneewehe stecken bleibt. Der Einsatz der Schaufel ist nötig, um das Fahrzeug wieder freizubekommen, nicht aber die tollen Tipps der Albaner, die nebenan mit ihrem Golf I auch nicht weiterkommen.

In Lipkovo ergeben sich dann Unstimmigkeiten, weil der Meldefluss heute zu Irritationen im JOC geführt hat. Nach unserem Abzug aus dem Süden hat sich ein Schneepflug den Weg nach Nikustak gebahnt, und in seinem Schlepptau die Polizei. Dieses wird durch die OSCE gemeldet und nicht durch uns. Dagegen meldet wiederum Kumanovo (fälschlicherweise), dass keine Teams oder Polizisten in Orlanci gewesen seien. So ein Wirrwarr.

Bei der Klärung des Sachverhaltes wächst meine Frustration. Ich gerate jetzt nahezu täglich mit Major Tom aneinander. Vielleicht dauert der Einsatz schon zu lange und ich schlucke nicht mehr alles herunter. Irgendwie geht es mir schwer auf den Zeiger, wenn zugunsten der Harmonie mal eben mein Standpunkt untergebügelt wird. Manches Anzeichen von „Führungsstärke" wirkt auf mich momentan eher wie Starrsinn. Andererseits wird mein Widerstand gegen viele kleine Tiefschläge auch gleich persönlich genommen. Wir sind wohl alle gestresst, aber so ist das Leben. Und es gibt wirklich Schlimmeres.

Frontweihnachten

Mittwoch, 19.12. 2001

Ich fahre mit Axel nach Orlanci. Auch Lt R Und OFw G wollen dorthin, nachdem sie Nikustak wegen des Schneetreibens nicht erreichen können. Die Schneepflüge kommen nicht mal bis Umin Dol. Also brechen sie ihre Mission ab und kommen mit nach Orlanci. Dort warten wir auf das Eintreffen der Polizei. Die kommen wie immer mit Verspätung. Die Einrichtung des Contact desk als Vorstufe einer Polizeistation verzögert sich wegen simplen Platzmangels. Obwohl es frostig ist, kommt der Ladenbesitzer am Marktplatz nicht darauf, heiße Getränke anzubieten. Seine Haltung ist beinahe deutsch: „Hamm wa noch nie so jemacht."
Irgendwann ziehen die Polizisten nach Grusino weiter und wir fahren nach Skopje. Dort speisen wir bei McDonalds. Weil aber keine Stunde ohne Kontrollanrufe vergeht, klingelt auch das Telefon beim Essen. Siggi teilt uns mit, wir müssten einen Geldtransport der OSCE begleiten. Das hat der Chef zwar abgesprochen, uns aber nicht gesagt. Mit Navigations-Anweisungen von Enis kurven wir durch Skopje und finden schließlich das Hauptquartier der OSCE. So parken wir in der Fußgängerzone und warten eine geschlagene Stunde auf den Mann mit der Kohle. Das ist noch milde, denn die Polen mussten schon einmal drei Stunden ausharren. Schließlich heizen wir nach Kumanovo. Dort greifen wir noch einen Kaffee und etwas Rotwein bei der OSCE ab. Außerdem werden wir mal wieder zu einer Party eingeladen, bei der verschiedene Mitarbeiter in den Weihnachtsurlaub verabschiedet werden. In Lipkovo kommen wir mit Major Tom überein, dass wir die Einladung annehmen können. Während Siggi und er das Haus hüten, suchen wir das avisierte Lokal. Das Schild an der kleinen Tür erin-

nert an „private Feier", also schneien wir dort herein. In einer kleinen Stehbar, die mit einigen Sesseln aufgewertet ist, befindet sich ein Großteil der bekannten OSCE-Gesichter. Auch viele Übersetzer sind anwesend. Wir werden sehr herzlich begrüßt, obwohl wir dank unseres Anzuges sofort als Militär erkannt werden. Das ist man als deutscher Soldat gar nicht gewöhnt.

Ich beginne den Abend mit einem Skopsko-Pils, während Axel auf Anti-Alkohol einschwenkt. Nach einem kurzen Gespräch mit einer schweizerischen Beobachterin begebe ich mich denn auch auf die Tanzfläche. Zu meiner Überraschung entdecke ich in der Menge Spahti und seinen namenlosen Busenfreund, den „Professor". Die haben für ihre Verhältnisse unglaublich gute Laune. Das gilt auch für die OSCE-Leute. Man konsumiert verstärkt Alkohol und lauscht der Ansprache von Dan. In Anlehnung an texanische Weihnachten erklärt er den Ablauf: „Erst trinken wir zusammen, dann werden wir zusammen betrunken, dann zertrümmern wir zusammen die Einrichtung, wachen zusammen in einer Zelle auf – und Dragi holt uns morgen alle wieder raus." Auch Spahti bedankt sich für die Einladung und verabschiedet sich. Wir verschwinden schließlich auch, sind gegen Mitternacht zu Hause und haben sogar Strom. Wunder über Wunder in der Vorweihnachtszeit.

Donnerstag, 20. Dezember 2001

Der Tag beginnt früh, weil wir unser Auto zur Fristenwartung ins Camp schaffen müssen. Mein Schädel erinnert mich deutlich an die Aktivitäten der letzten Nacht. Während Enis seine Dokumente bei J-8 vorführt, geben wir den Wagen ab und lassen ihn warten. Ich schaffe einen Stapel Fotopapier zum J-6, wo mir Hptm E beim Ausdruck unseres Gruppenbildes sehr behilflich ist. Das Ganze dauert schließlich trotzdem 2 Stunden. Derweil tut sich in Orlanci nichts Weltbewegendes, wie Major Tom verkündet. Wir brechen mit unserem Wagen daher zur Nordtour auf. Dank der Reparatur funktioniert die Heizung zwar vorschriftsmäßig, produziert aber keine Hitze mehr. Nichts geht über die Dienstvorschrift. In Vaksince ist alles in Butter, da schauen wir doch noch mal bei den Polizisten von Mac Petrol vorbei. Die tragen erfreulicherweise keine Langwaffen mehr, dafür jammern sie über die Leute von Vaksince. Wir sind Engel, die sind Teufel. Am besten solle man die ganzen gefährlichen Jugendlichen verhaften. Und übrigens hätten die heute insgesamt 100mal geschossen. Komischerweise hat das niemand sonst gehört. Auch die Soldaten in Mac Petrol wissen von nichts. Die armen Polizisten leiden wohl schon an Halluzinationen.

Freitag, 21. Dezember 2001

Wir führen eine Brennersession für Bilder-CDs durch, die wir unseren polnischen Kameraden zum Fest schenken wollen. Als in Orizari die Wasserversorgung zusammenbricht, stellt sich die Frage, ob die Armeestellung Kilo1 (selbe Wasserleitung!) das gleiche Problem hat. Wir bekommen den Auftrag, dieses mehr oder weniger konspirativ zu ermitteln. Der Weg über Alasevce erfordert in jedem Falle Schneeketten. Als wir sie aufgezogen haben und an der Furt in Lipkovo ankommen, gibt uns das Eis zu denken. Die hohe Kunst bestünde ja darin, mitten auf der Eisfläche einzubrechen. Wir stellen jedoch fest, dass deren Tragfähigkeit 2 Tonnen übersteigt. Damit erschöpfen sich denn auch die guten Nachrichten, denn nach immerhin schon zwei Kurven müssen wir die Reise abbrechen. Die Schneewehen lassen keine Passage zu, ebenso wenig wie die beiden Wölfe („Hunde" wäre verniedlichend), die aufgeregt unseren Wagen umspringen. Also geht es wieder zurück und mit Siggi zum Abendessen nach Kumanovo.

Samstag, 22. Dezember 2001

Das Herumhängen in Orlanci hat nicht nur Schattenseiten. Selbst dann nicht, wenn Hakub the Grobian vor Ort ist. Die Menschen sind wie immer unzufrieden wegen des Polizei-Kontrollpunktes am Ortszugang. Da erzählt er doch tatsächlich, die Leute sollten ihn anrufen, wenn sie sauer wären. Sie könnten anstelle der Polizisten ihn verprügeln und er würde dann wieder abfahren. Was für ein toller Plan. Axel erkundigt sich gleich, ob wir Hakubs Telefonnummer auch bekommen könnten. Wir wären in letzter Zeit oft verärgert...

Eine Besserung des zwischenmenschlichen Klimas in unserem Team tritt ein, wahrscheinlich auch gefördert durch Geschenkpakete für den alten Mann. Ich selbst schiebe schon ein wenig Frust, weil meine versprochenen Pakete aus Deutschland einfach nicht ankommen wollen. Ich male mir schon aus, wie sich mazedonische Zöllner darüber wundern, dass man auf den mitgeschickten DVDs gar keine thailändischen Untertitel wegblenden muss. Kurzum: Ich muss zugeben, dass ich häufig gereizt reagiere. Wahrscheinlich ist nach 10 Stunden Winken und Lächeln am Tag der Vorrat an Freundlichkeit irgendwann erschöpft. Wir sollten ihn intern wieder auffüllen.

Sonntag, 23.Dezember 2001

Der vierte Advent bedeutet für uns einen Besuch im verschneiten Orlanci. Für die Mazedonier sollte dies der zweite Advent sein (Orthodoxes Weihnachtsfest am 7. Januar). Vielleicht kommt die Polizei deshalb auch erst um 1200 Uhr. Ich begebe mich mit Axel am Vormittag in den zuletzt stark vernachlässigten Norden unseres Aufgabenbereiches. Nach einer Kurzvisite bei den Taxifahrern von Lojane entscheide ich mich für eine Fußpatrouille durch Slupcane. Bei der Einfahrt bemerken wir das Auto von Siggi und Thomas, die ja befehlsgemäß in einer Medienmission unterwegs sind. Nach dem Abstellen des Wagens werden wir auch prompt von Yakoub, dem Imam, herzlich begrüßt. Als wir zusammen mit dem Bürgermeister Amedin in dessen Büro sitzen und außentemperaturgekühlte Cola trinken (Strom ist aus...), kommt Major Tom herein. Er bittet die beiden, mit den Fernsehjournalisten zu sprechen, die im Ort schon einen wütenden Menschenauflauf produziert haben. Zum Zwecke der objektiven Information sollen auch albanische Journalisten in der Gruppe sein, die durch einen Oberstleutnant T vom Amber Fox Press Center betreut werden. Der Mann ist nicht nur in Zivil, sondern auch überfordert. Als die Journalisten die Dorfbevölkerung immer weiter provozieren, schreitet nicht etwa er ein, sondern Major Tom. Das vorgeschlagene Gespräch mit den Dorfoberen beginnt in gespannter Atmosphäre, weil die Menschen auch Journalisten des berüchtigten Propagandaorgans SITEL (Serbian Information Television) bemerken. Yakoub und Amedin einigen sich mit den TV-Leuten darauf, keine Aufnahmen im Büro zu machen. Ich verlasse mit Axel den Raum und treffe unten Siggi, der die aufgebrachte Menge zu beschwichtigen sucht. Xhefdet und Major Tom müssen oben bleiben, weil von den Journalisten kein einziger albanisch spricht. Moment. Hatte der Presseonkel nicht „multiethnisch" gesagt??? Was für eine riesengroße Scheiße ist denn das hier?! Uns bleibt nichts als Schadensbegrenzung, wobei wir auf so manchen Anwohner einreden müssen wie auf ein krankes Pferd.

Nach diesem Erlebnis fahren wir nach Orlanci. Dort warten wir eine Weile im Schnee, bis die Polizei in einem Konvoi weißer Fahrzeuge anrückt. Bei den ganzen Beobachter-Autos fällt der kleine weiße Lada Niva gar nicht auf, in dem die Polizisten unterwegs sind. Wir unterhalten uns mit dem Polizisten Robert, der offensichtlich ein ähnliches Problem hat wie unsere albanischen Mitmenschen - den Drang zum Herumballern nämlich. Er fragt uns ganz beiläufig, ob wir ihm nicht Pistolenmunition besorgen könnten. Er hätte wegen mehrerer Feiern in der letzten Zeit nur noch 13 von 75 Patronen seiner Dienstmunition. Da müssen wir leider ablehnen: „Wir suchen ja selbst." Als die Polizei schließlich abzieht, treffen wir in Vistica den Pressekonvoi wieder. Als Jakob eine (recht ansehnliche) Frau mit gelber Mütze in der Menge vor dem Contact desk sieht, ruft er kurz: „Da ist ja die Schlampe!" Es handelt sich um eine berüchtigte Propagandaaktivistin von SITEL. Sie hat offensichtlich gar kein Interesse daran, lächelnde Menschen zu interviewen. Nur hasserfüllte Terroristen passen in ihr Weltbild. Wir fahren zurück zum Café TFF, wo wir uns kurz hinsetzen. Dann kommt nämlich der nächste Anruf: Wir müssen zwei Franzosen in Opae abholen. Was, wen, warum – nix genaues weiß man nicht. Als wir ankommen, sehen wir einen Ford Mondeo mit KFOR-Kennzeichen. Kriegstouristen! Zwei französische Oberstleutnante müssen hochwichtig durch unseren Bereich eskortiert werden. Wir fahren denn auch beinahe im Schritttempo bis nach Nikustak. Dann geht es über Umin Dol zur Autobahn und nach Budnardzik, wo wir dringend nachtanken. Von dort fahren wir nach Kumanovo zum Essen und sprechen mit den Jungs vom Geschwader 4. Als wir zurückkommen, machen die Fernsehnachrichten bereits die Runde.

SITEL hat sämtliche Absprachen gebrochen und im Büro gefilmt. Als ich den Bericht in den 2100-Nachrichten sehe, traue ich meinen Augen kaum. Da liegen in einem Beitrag für das nationale Fernsehen doch tatsächlich pinkfarbene Handschuhe im Bild, die kurz zur Seite genommen werden, damit man die beiden „Terroristen" besser erkennen kann. Die Bildqualität gleicht einem schlechten Heimvideo. Hier ist wirklich kein Betrug zu plump. Aber das bemerken eben die mazedonischen Normalbürger nicht, die solchen Schund schlicht und einfach gewohnt sind. Da begreift man auch, warum die serbische Propaganda solche Erfolge erzielen konnte. Dies ist ein weiterer: Das Verhältnis der NATO zu den albanischen

Menschen kann dieser „Bericht" nur empfindlich schädigen. Schön, dass die deutschen Stabs-Helden in Skopje uns ein solches Ei ins Nest legen und dann gleich wieder verschwinden können. Dabei hätten wir ihnen ein mehrstündiges Bad in der Menge gewünscht. Aber man kann eben nicht alles haben.

Montag, 24. Dezember 2001

Heute führen Axel und ich die morgendliche Lagebesprechung durch. Major Tom bricht bereits morgens zu einem Sitzungsmarathon auf. Vorher jedoch wartet ein Sonderauftrag der besonderen Güte: Fotos von der Straße zur Schule von Nikustak machen. Dort sollen zwei Schulcontainer platziert werden, und der G4 will die Straßenverhältnisse einschätzen. Dies ist zur Abwechslung mal ein umsichtiges Vorgehen, denn so erkennt man wenigstens vorher, dass ein Tieflader die Ortschaft schon wegen der Schneeverhältnisse nicht erreichen kann. Nebenbei ist die Schule der zweithöchste Punkt im Ort und beherbergt nicht ohne Grund NLA-Kampfstände. Wer da hin will, muss auf der engsten Straße bergauf durch den kompletten Ort fahren. Ein Tieflader würde dabei wohl die komplette Oststadt einreißen. Wie auch immer, mit den Fotos im Kasten kehrt Major Tom zurück, so dass Axel und ich gen Camp Fox aufbrechen können. Dort sollen wir die Bilder-CD und den schriftlichen Report über das gestrige Medienereignis abgeben. Das ist aber gar nicht so einfach.

Auf dem Weg habe ich am Checkpoint ein besonders unangenehmes Erlebnis. Dies liegt nicht nur an der auf mich gerichteten Kalaschnikow. Mir weht der widerliche Gestank billigen Fusels entgegen, was der gesamten Situation zusätzliche Brisanz verleiht. Nach einem tiefen Blick in meine blauen Augen lässt sich die uniformierte Schnapsdrossel endlich davon überzeugen, dass ich kein muslimischer Freischärler bin. Wir fahren weiter und fragen uns, was die ganze Aktion sollte. Vielleicht drehen die Polizisten demnächst durch, vielleicht wärmen sie sich aber auch nur mit Wodka auf. Die Winterausstattung der Polizisten in den Checkpoints scheint im Vergleich zu den Soldaten nämlich teilweise fast erbärmlich.

Im Camp steht plötzlich Oberst W hinter mir. Da ein Exemplar der überaus dringlichen Berichte für ihn ist, biete ich es ihm auch an. Dieser Fehler hat ein dreiminütiges sinnentleertes Gespräch zur Folge. Nachdem ich dreimal langsam und deutlich (Heeresoberst im Generalstab !!!) Auftraggeber und Ausführenden des Berichtes wiederholt habe, erhalte ich den Auftrag, die Schriftstücke dem Major B zu übergeben, damit der sie dem Chef des Stabes zuleite. Also ihm. Donnerwetter. Ich erkenne erneut: Der Dienstweg ist wichtiger als die Sache.

Das interessiert mich aber nicht mehr wirklich, denn: Meine lang vermissten Pakete sind da! Pünktlich zum Fest hat die 17-tägige Odyssee denn doch noch ein glückliches Ende. Leider haben die Absender jedoch die ominöse Luftwaffenadresse mit auf die Pakete geschrieben, von der ich doch noch strengstens abgeraten hatte. Rätselhafte Vermerke deuten darauf hin, dass die Luftwaffenlogistik die Sendung über den Umweg Kosovo und Afghanistan nach Mazedonien geschickt hat.

Über Telefon kann ich dann unsere polnischen Kameraden davon in Kenntnis setzen, dass weiße Weihnachten auch für unsere Arbeit günstig sind. Wegen des Schnees wird nämlich durch die OSCE der Polizei-Einmarsch ausgesetzt, und unsere Burschen können zurück ins Nest. Dort bereiten sie mit viel Hingabe ein Weihnachtsessen vor. Pünktlich zum Fest fällt wieder mal der Strom aus. Ich breche mit Axel und Enis zum Staudamm auf, wo ein Elektriker irgendwas an den Generatoren umstellen will, um den Strom für Lipkovo wieder herzustellen. Praktisch macht allerdings Axel die Arbeit. Heim zum Festschmaus!

Vorher werden wir jedoch noch Zeuge einer weiteren Glanztat des deutschen Stabes: Die Italiener müssen mit einem Aufklärungszug

durch den Bereich Kumanovo fahren. Am Weihnachtsabend!!!
Nichts kann wichtiger sein, als ausgerechnet heute leere Straßen
beobachten zu lassen. In einem Anflug von Solidarität erklären wir
auf Anfrage hin unsere Straßen für unpassierbar, ebenso wie Team
Kumanovo. Ob das etwas nützt? Der Chef des Stabes wird schon
einen anderen Weg finden, die Jungs an Weihnachten zu beschäfti-
gen.

Fast wie daheim: Weihnachten im Kreise der Ersatzfamilie…

Unser Essen mit den polnischen Kameraden ist ein echtes Fest-
mahl. Eine lange, liebevoll dekorierte Tafel voller Leckereien erwartet uns. Die nötigen Kerzen sorgen für eine feierliche Atmosphäre, und wir werden Teil rührenden Brauchtums. Anschließend
fließen Rot- und Weißwein, und es wird diniert. Das traditionelle

polnische Weihnachtsgericht ist Karpfen. Es werden statt der traditionellen zwölf diesmal dreieinhalb Gänge aufgefahren. Die Geschenke an unsere Kameraden, eine Bilder-CD und das Gruppenfoto, kommen gut an. Ebenso freuen wir uns alle über die Weihnachtskarte, die uns durch Nachbarskinder gebracht wird. Da lesen wir in gebrochenem Deutsch, dass sich alle darüber freuen, dass wir hier sind. Ich kann mich nur wiederholen: So etwas ist in Deutschland kaum vorstellbar. Am späteren Abend sitze ich mit Siggi noch bei Kornos, Tomasz, Robert, Kirzu und Dziubek. Ich kann den gemütlichen Teil des Abends gleich mit meiner Nachtschicht verbinden. Der Abend klingt gegen 2300 aus. Kurz vor Mitternacht kommt auch der Strom wieder, und ich lege mich hin.

Spuren im Schnee

Dienstag, 25. Dezember 2001

Dienstag ist wieder Orlanci-Tag. Das Schneetreiben der Nacht scheint der Polizei die Anreise wieder zu erschweren. Zwei Autos sind kaputt, und so versucht man ein weiteres zu organisieren. Hakub the Grobian kommt diesmal geradezu aus der Sonne. Als wir eingeladen werden, erzählt er ein hübsches Gleichnis von Kindern und einem Kuchen zum Thema Kriegsursache. Wenn der Kuchen groß genug für alle sei, streite sich auch niemand darum. Der akkurate Konter des Gastgebers: Hierzulande würde das größte Kind trotzdem alles an sich reißen, selbst wenn es beim Hinunterschlingen zu ersticken drohe. Im Restaurant Galia findet die Weihnachtsfeier der Luftwaffen-FLTs statt. Die Raduser sind leider eingeschneit und können nicht dabei sein. Etwas gelöste Stimmung tut allen gut, schließlich schaut noch OTL S herein, um Geschenke zu verteilen. Nette Pappkartons mit Aufmerksamkeiten finden ihre Abnehmer. Zwischendurch gibt es einen OSCE-Anruf, weil es verdächtige Aktivitäten am Friedhof von Lopate gäbe. Ich frage daraufhin nach, ob möglicherweise jemand vergraben wird. Es handelt sich letztlich um eine Müllverbrennung bei einem Polizeicheckpunkt. Advent, Advent, ein Checkpoint brennt...

Mittwoch, 26. Dezember 2001

Der Tag beginnt mit einem Klassiker auf dem Gebiet der Parallelkommunikation. Major Tom sandte ja schon Leute nach „Dubrovnik" (~ Dumanovce) oder zu einem Meeting nach A, welches dann doch in B stattfand. Während heute Siggi über eine Hilfsorganisation philosophiert und anmerkt, Beatrice von IRC sei weg, widerspricht der Chef vehement: „Die kann nicht weg sein. Beatrice ist weg." „??? Das sagte ich doch gerade..."

Anschließend geht es zu OTL S ins Camp, während Axel und ich im Alarmstart nach Vistica aufbrechen. Dort gibt es Aufruhr, weil am Vorabend ein Jugendlicher aus dem Dorf an der Grenze verhaftet worden ist. Inzwischen ist er zwar wieder frei (und unverletzt, was nicht selbstverständlich ist), aber die Leute wollen trotzdem die Rückkehr der Polizei verhindern. Als wir an der Schule eintreffen, sind dort etwa 60 Männer versammelt. Ich erlebe mit, wie hilfreich weiblicher Charme in einer solchen Situation sein kann. OSCE-Beobachterin Kristin gelingt es mit Zielstrebigkeit und Engelsgeduld, die Menge zu beruhigen. Schließlich kann der Vater des Burschen gewonnen werden, sich gegen die geplante Blockade auszusprechen. Dazu hat er auch noch öffentlich Gelegenheit, da inzwischen der Lokalsender Festa mit einem Fernsehteam im Anmarsch ist. Hier macht Kristin aus der Not eine Tugend, in dem sie den Leuten den Einmarsch der Polizei aus Publicitygründen schmackhaft macht. Axel und ich stehen abwechselnd als eine Art Pseudo-Bodyguards neben ihr, während wir selbst mit den Menschen reden. So kommen wir gleichzeitig unserem Auftrag zum Schutz der OSCE nach, was in diesem Fall eine angenehme Aufgabe ist. Gegen Mittag hat der Mob sich aufgelöst, das Fernsehen positive Bilder eingefangen und die Polizei die Rückkehr fortgesetzt. Ich bin von Kristins Auftritt äußerst angetan und fahre weiter nach Nikustak, um dort nach dem Rechten zu sehen.

Dort unterhalten wir uns angeregt mit Martha, der Polizei-Beraterin aus New York. Mit dem Contact desk geht es noch nicht voran, es fehlen immer noch Fenster. Wegen des schlechten Straßenzustandes kam das Glas wohl nicht durch. Als Kristin hier vorfährt, baut sie meine Gunst wieder ein wenig ab. Sie spricht einige Leute an, die scheinbar gerade mit Martha Absprachen getroffen haben. Martha ist sauer ob eines auch uns nicht unbekannten Phänomens. Es handelt sich um das Problem der vielen Häuptlinge. Im Ergebnis schaut sich ein Bürger fragend um: „Was denn nun?"

(Halb-)starkes Interesse an der künftigen Polizeistation von Vistica. Während sich die OSCE-Mitarbeiter um die Polizisten kümmern, beruhigt die NATO-Präsenz die Bevölkerung.

Donnerstag, 27. Dezember 2001

Wir beginnen den Tag mit unserem letzten Dienst in Orlanci. Als die Polizei sich wieder mal verspätet, fahren wir mit der OSCE nach Arracinovo. Dort findet sich irgendwie kein Anhaltspunkt für die Verspätung, und schließlich erscheinen die Herren dann doch noch. In der Zwischenzeit machen wir Bekanntschaft mit der aufmüpfigen Dorfjugend, von denen insbesondere ein einfältiger Fleischklops eine gehörige Tracht Prügel verdient. Aber dank der

OSCE-Aufsicht will/kann sich die Polizei darum derzeit nicht kümmern. Wir verlegen zurück nach Orlanci. Nach endlosem Geseier über das ewige Thema Checkpoint können wir den Polizeibesuch im Ort abhaken.

Im KFOR-Rear beschaffe ich mir im Zuge des Gruppenzwanges einen Kopfhörer, damit ich mir nicht immer Axels Exemplar für Musikgenuss vom Laptop ausleihen muss. Die Einnahme eines Cheeseburgers aus der Imbissbude wird durch mehrere Vertreter des fahrenden Volkes erheblich gestört. So verlassen wir den Parkplatz und begeben uns zurück nach Orlanci, um dort ein Übergabegespräch mit den Portugiesen durchzuführen. Nachdem der Police Reentry Process begonnen hat, dürfen sie ab morgen wieder ran. Wir sind froh, das Gebiet endlich los zu sein. Die Portugiesen scheinen dagegen gar nicht übermäßig erpicht auf diesen Aufgabenbereich. Zum verabredeten Zeitpunkt warten wir alleine am Dorfrand. Konfusion im JOC, denn Major B ruft UNS an, um die Portugiesen zu erreichen. Wir können aber auch nichts dafür, wenn die Kollegen nicht pünktlich sind. Als mich Major Tom anruft, erscheinen sie dann doch noch. Ich freue mich darüber, dass wir die Aktion immerhin noch bei Tageslicht über die Bühne bekommen. Im Gespräch mit Axel zeigt sich der Chef der Südeuropäer überrascht, dass auch Polizei-Berater von uns begleitet werden: „Wir sind doch nur für die OSCE zuständig." „Von welcher Organisation sind die Berater denn? Von der OSCE vielleicht?" Was haben die Portugiesen hier bisher eigentlich getrieben? Wir Deutschen sind scheinbar wirklich etwas Besonderes. Vernünftige Menschen wissen durchaus, was sie an uns haben.

Ich erfahre von Enis, dass SITEL in Wirklichkeit „Sitex Television" heißt und einem Baustoffkonzern gehörte, aber durch seine Leistungen nur als „Serbisches Propagandafernsehen" bekannt ist. Man lernt nie aus.

Freitag, 28. Dezember 2001

Der Morgen dient der Verarbeitung der Info, dass Rushdi bei der Sicherheitsüberprüfung durchgefallen sei. Er habe schwerkriminelle Vergangenheit und wird deshalb aus seinem Job als Dolmetscher bei TFF entlassen. Da bleibt als nächster Schritt nur die Verlegung des HQ. Aber wo man so schnell eine neue Bleibe findet, steht auf einem ganz anderen Blatt. Wir beschließen, ruhig zu treten und den Umzug unseren Nachfolgern zu überlassen. Die Stromsituation lässt nur Lipkovo als Standort zu. An einem ruhigen Tage wie diesem breche ich mit „Radar" ins Lager auf. Dort gibt es keinen Sprit, weil nach der Lagerrunde für die Heizgeräte erst die Tankanlage aufgefüllt werden muss. Da ist für FLT-Deppen einfach nix zu holen. Aber dreieinhalb Stunden möchte ich hier nicht warten. Beim Thema Ersatzrad für Major Tom haben wir auch keinen Erfolg, Da gehen wir doch lieber auf die Piste Richtung Skopje. Das klappt auch fünf Minuten, dann stehen wir im Stau.

Als wir Xhefdet denn endlich auflesen, habe ich auf Stadtbummel schon lange keine Lust mehr. Wir fahren also zurück und geben im OSCE-Hauptquartier pflichtschuldig eine Liste der ärmsten Leute von Opae ab. Ich habe keine Ahnung, was wir damit anfangen sollen. Oder die OSCE. Wieso eigentlich Opae? Egal. Peter und Kristin kümmern sich drum. Wer jetzt wie ich auf einen geruhsamen Abend hoffte, sieht sich gründlich getäuscht. Holzschleppen ist angesagt! 10 Kubikmeter geschnittenes Brennholz sollen vom Wandern in fremde Keller abgehalten werden. Mit unseren polnischen Kameraden schleppen und stapeln wir zwei Stunden lang wie die Großen. Als sich Radar die Stiefel anzieht, raunt Robert im Vorbeigehen: „Slower!"

Wegen der Rauchentwicklung des Ofens müssen wir die Arbeiten unterbrechen. Zur Motivation läuft im Flur RAMMSTEIN. Robert offenbart Deutschkenntnisse: „Arbeit macht Frau." Kirzu singt „Stille Nacht", woraufhin Siggi ihn fragt, ob er das Lied im Chor gelernt habe. „No, in mental hospital", weiß Robert. Schließlich drücken wir Tomasz die Arbeit an dem restlichen Kubikmeter auf. Das fällt leicht, weil er gerade nicht da ist. Mit einem Dienstabschlussbier feiern wir uns selbst.

Samstag, 29. Dezember 2001

Auch dieser Tag wird durch höhere Vorsehung der Rückkehr der Polizei geweiht. Wieder einmal stehen deutsche und polnische Kameraden ungeheuer beschäftigt in Ortschaften herum, um den OSCE-Beobachtern bei der Arbeit zuzusehen. Da haben wir schon Glück, wenn wir durch unseren Supervisionsauftrag wenigstens herumfahren dürfen. Auch die beiden polnischen Teams rotieren durch Nikustak, Vistica und Ropalce. So hat man wenigstens etwas Abwechslung. Vor allem der Job in Vistica ist öde, weil die dortigen Polizisten den ganzen Tag lang Domino spielen und sich nicht für fünf Dinar um den Ausbau ihres Büros kümmern. Irgendwie kriegt der OSCE-Polizeiberater die Jungs nicht in Schwung. An der Kreuzung in Nikustak fällt uns ein Tarpan (polnischer Geländewagen) auf, der sich aus Umin Dol nähert. Axel fängt ihn sofort ab und erkundigt sich nach dem Fahrtziel. Major S hat seine Leute erst mal zur Patrouille durch unseren Aufgabenbereich eingeteilt! Da sind wir dann irgendwie dagegen, und Axel schickt die Jungs zurück. Hintergedanke des FLT-Konzeptes war doch Vertrauensbildung durch kontinuierlichen Kontakt zu den zuständigen Ansprechpartnern. Und zuständig sind im Raum Lipkovo immer noch wir! Auf Rückfrage erklärt Major S, die Burschen hätten den Checkpoint an der Mühle überprüfen sollen. Eine kleine Notlüge? Das passt irgendwie in das Bild vom medieninteressierten und unterbeschäftigten Kameraden aus dem Osten (...Kumanovos).
Im Camp Fox treffen wir die anderen FLT. Außer einer Palette Bier und interessanten Geschichten stauben wir auch Kalender ab. Da-

bei handelt es sich nicht nur um den Wandkalender eines Toilettenunternehmens, sondern auch um tausende kleine Taschenkalender. Auf diesen weht praktischerweise die mazedonische Flagge, so dass wir sie später wohl zum Anfeuern des Ofens verwenden müssen. Welchem der hiesigen Albaner kann man das Zeug denn andrehen?

Wir bekommen einen neuen Fernmelder zugeteilt, der eine VHF-Funkanlage bei uns betreiben soll. Wir eskortieren ihn und den Aufbautrupp nach Hause. Neben dem Aufstellen der Antenne wird der Abend durch Berichte über Schüsse bestimmt. Axel untersucht die Schüsse auf Nikustak und Vistica. Es soll sich um Scharfschützenangriffe handeln. In Nikustak hört er auch tatsächlich Schüsse, allerdings aus Richtung Arracinovo. Da wird sogar mit Maschinengewehren geschossen, in unserem Bereich ist jedoch gar nichts los. Nach seiner Rückkehr ist er reichlich sauer, weil er das NATO-Tennis der Albaner satt hat.

Sonntag, 30. Dezember 2001

Der Sonntag beginnt mit der Untersuchung der gestrigen Schüsse, diesmal bei Tageslicht. Die Polizisten und OSCE gehen auf die Suche nach Beweisen für Beschuss. Das Gejammer der ach so friedfertigen Albaner geht einem angesichts des dauernden Geballers in allen Ortschaften auf den Zeiger. Die gefährlichen Mazedonier nähmen keine Rücksicht auf die Kinder, denen das Schiessen ja solche Angst mache. Erfreulich, dass die Kleinen durch das Schiessen ihrer Eltern nicht erschreckt werden. Und die beschränken sich damit ja auf Anlässe wie Hochzeit, Geburt, Besuch, Wochenende usw.

Die OSCE findet ein Projektil 7,62mm, das in den Putz einer Hauswand eingedrungen ist. Allerdings soll die Schussentfernung mehr als zwei Kilometer (?) betragen haben. Um ein Scharfschützengeschoss handelt es sich auch nicht. In Nikustak sehen wir dem Ausbau des Contact desk zu, der sich zu einem richtig gemütlichen Büro mausert. Es gibt einen Ofen, einen Tisch, Gardinen, sogar ein Bild an der Wand. Hier kann man es aushalten. Dank des Schnees erinnert das Gebäude auch von außen keineswegs mehr an das Dreckloch, das ich einst nur durch die präzise Beschreibung „Großes Haus mit einem Hinterhof voller Hundescheiße" gefunden habe. Draußen sehe ich einen Tarpan Honker nahen und trete auf die Straße. Der Fahrer aus Kumanovo erinnert sich wohl an Axels gestrige Worte und wendet sofort. Falls das nicht der Grund sein sollte, muss ich ganz schön abschreckend wirken...

Unzählige Autos in Konvois kündigen mehrere Hochzeiten und damit Schießereien an. Man redet hier einfach gegen eine Wand. In Ropalce haben die Polizisten auch ein kleines Büro, Everett sorgt für Stimmung. Wegen der ständigen Einladungen müssen wir den angebotenen Tee dankend ablehnen. Schließlich erkundigt er sich, wann die Polizisten morgen zur Stelle seien. „1030." „Ist das deutsche, amerikanische oder Balkanzeit?" „???" „Deutsche Zeit wäre 1029, amerikanische 1031, und Balkanzeit 1130 oder irgendwann im Laufe des Tages..."

Die Polizei geht nach Hause, und wir kriegen neue Arbeit. Diesmal dürfen wir zwei deutsche Print-Journalisten herumführen. Die Aussicht auf Medienpräsenz in der Berliner Zeitung motiviert ein wenig. Ich hoffe darauf, dass unsere Informationen nicht allzu sehr verfremdet werden. In Matejce fährt Axel in einen durch Schnee verdeckten Schacht. Zum Glück kann er schnell herausgezogen werden. Unsere Schreiberlinge erleben also etwas. Als wir die beiden in Nikustak absetzen, haben wir schon ein neues Ziel: Siggi hatte einen Unfall in Ropalce. Die Alarmierung der Polen und der MP sorgt für hektische Funksprüche aus dem JOC: Man fordert lückenlose Information wegen eines Blechschadens. Als die Feldjäger mehrmals Koordinaten von uns verlangen, wird mir klar, dass die MP keinen blassen Schimmer von unserer Gegend hat. Oder sie trauen sich nicht zu uns raus und suchen einen Vorwand. Wie auch immer, den Vorfall regelt Major Tom auch ohne Hilfe. Siggi wird von jedem der Polen einzeln beruhigt, was nicht wirklich nötig scheint. Er hat auf der vereisten Gefällstrecke nach Ropalce gebremst und durch einen Slide mit 90-Grad-Drehung einem Zastava die Breitseite verpasst. Auf dem Weg nach Matejce vollführt Axel beinahe selbiges, jedoch denkt der Fahrer des weißen Golfs mit und legt rechtzeitig den Rückwärtsgang ein. Manche Leute haben mehr Glück als Verstand.

Montag, 31. Dezember 2001

In Nikustak erhalten wir Besuch von den Portugiesen. Wir halten ein kurzes Schwätzchen und erfahren, dass sie Hakub mehr als leid sind. Sein Gehabe treibt also nicht nur Deutsche in den Wahnsinn. Der Abend bringt den Besuch von Sadulla, Generalmajor der NLA. Er wünscht einen guten Rutsch und schenkt uns eine Torte. Im Gespräch mit Thomas deutet er an, dass die NLA ihre Strukturen nun einsetzen wird, um den Waffengebrauch in den albanischen Gemeinden zu unterbinden. Damit sollen der mazedonischen Propaganda das Wasser abgegraben und Provokationen gegen die Sicherheitskräfte verhindert werden. Wenn das gelänge, wäre es eine tolle Sache. Anmutig untermalt von einem Stromausfall geht das Kaffee-Kränzchen weiter. Schließlich gehen die Gäste, und wir fahren Patrouille.

Das gewaltige Schneetreiben kommt uns zugute, denn bei einem solchen Scheißwetter läuft niemand freiwillig herum. Nur NATO-Soldaten wie zum Beispiel auch der italienische Aufklärungszug tun das. Unsere polnischen Freunde überprüfen den Norden, wir fahren nach Nikustak. Unterwegs zählen Radar und ich Schüsse in Vistica. Man sieht die Hand vor Augen kaum, als wir einen Kurzbesuch in Kumanovo machen. Die OSCE-Silvester-Feier ist gerade im Anfangsstadium, so dass wir noch einigen Leuten gepflegt gratulieren können.

Dann müssen wir wieder an die Arbeit. Sehr interessant ist die Lageeinschätzung von Major S, der alle (!) seine Teams nach Opae schickt. Silvester für Fortgeschrittene. Wir hören in Lipkovo zu, wie mit allen Kalibern geschossen wird. Hier bricht wieder mal der Krieg aus, allerdings gibt es heute keinen Gegner. Trotzdem muss scheinbar die Munition weg. Wir igeln uns ein und legen uns irgendwann schlafen, nachdem Major Tom ein albanisches Angebot zum Kalaschnikow-Schießen abgelehnt hat. Prosit Neujahr.

Recht und Ordnung

Dienstag, 1. Januar 2002

Das neue Jahr hat begonnen. Mächtiger Schneefall hat im Süden unseres Bereiches zwar für Ruhe in der Nacht, aber auch für unpassierbare Straßen am Tage gesorgt. Wir schlagen uns mit dem Wolf bis hinter Vistica durch. Dann ist es endlich auch einmal an mir, den Wagen im Schnee festzufahren. Mit Hilfe unserer polnischen Kameraden, mehrerer Spaten und eines Traktors kommen wir wieder frei. In Nikustak stellen wir nach ewigem Warten und mehreren Anrufen fest, dass die OSCE sich nicht bis Nikustak durchschlagen kann. Die erforderlichen Schneepflüge werden organisiert, dürften aber erst im Laufe des Tages erscheinen. Also wird die Operation Polizei-Rückkehr für heute abgesagt.

Auf dem Weg nach Lipkovo darf durch uns ein Auto nach dem anderen aus dem Schnee gezogen werden. Das beste Schauspiel bietet für mich ein roter Golf III, dessen albanische Kraftfahrer sich so gut auskennen, dass Siggi mittels deutscher Gebrauchsanweisung (!) die Abschleppöse zeigen muss. Enis übersetzt die Erläuterungen, doch die Herrschaften wissen es besser. Da hat dann auch Siggi die Schnauze voll: „Macht es einfach selbst."

In Vistica suchen wir mit den Polizeiberatern ein Haus auf, das beschossen worden sein soll. Anwohner zeigen uns den Ort des Geschehens. Ich muss meine Miene im Zaum halten, als wir auf der Suche nach den Einschüssen um das Haus irren. Oh, da ist ja eine Mauer. Vielleicht in einem anderen Vorgarten? Der Einschuss „im Fenster" ist inzwischen gewandert und befindet sich jetzt in der Wand. Aber so richtig neu kann er nicht sein, denn das Einschussloch weist schon Verwitterungsspuren auf. Ich habe bald keine Lust mehr auf solche Spielchen.

In Slupcane befreien wir mit unserem Wolf sogar einen Lkw aus einer Schneewehe, wobei der Fahrer durch sein Bremsen den Vorgang nur bedingt erleichtert. Dolmetscher Enis stellt anschließend eine interessante Frage. „Habt ihr eigentlich mal auf die Ladefläche geschaut?" „Ja, warum?" Er habe sich schon Sorgen gemacht. Grinsend verkündet er im Stile eines Nachrichtensprechers: „Dank unermüdlicher Anstrengungen der TFF gelangte heute der erste albanische Waffentransport des Jahres 2002 sicher nach Slupcane." In diesem Scherz steckt auch ein Körnchen bittere Wahrheit. Man muss hier nach wie vor auf alles gefasst sein.

So sieht es von hinten aus, wenn Marco L einen Wolf im Schnee festgefahren hat...

Am Nachmittag holen wir unser neues Geld im Camp Fox ab. Wie sehen diese Euros wohl aus? Ich erlebe eine Schrecksekunde, als ich gegen die Geldkassette des Rechnungsführers ramme und diese daraufhin zuschnappt. Nach Murphy's Gesetz müsste der einzige Satz Schlüssel nun in der Kassette liegen und die Auszahlung damit für Stunden ausfallen. Aber ich habe Glück. So bekommen wir unser Verpflegungsgeld und können Roger von der OSCE auch etwas mitbringen. So pflegen wir gleich zu Jahresbeginn unsere Freundschaften.

Mittwoch, 2. Januar 2002

Andreas und Alessandro vom italienischen EOD besuchen uns. Wir freuen uns über das Wiedersehen und fahren zur Tankstelle von Opae. Dort treffen wir die Jungs aus Kumanovo, an die wir übergeben. Schließlich treiben wir den Tankstellenbesitzer auf, damit für die EOD-Leute geklärt wird, wonach genau sie suchen sollen. Der Tankstellenbesitzer erklärt uns, dass ihm während eines Fernsehtermins deutsche EOD-Leute den Zutritt verboten hätten. Was auch immer der Grund dafür war, die Italiener können die Sicherheit der Tankstelle feststellen.

Am Ort des Geschehens taucht schließlich auch noch OTL S auf. Irgendwie scheint er neben sich zu stehen. Thomas brauchte angeblich mehrere Anläufe, um ihm den Personaleinsatz beim police reentry begreiflich zu machen. Über den Erfolg seiner Erklärungen ist er sich aber nicht sicher. Gerüchten zufolge hat S in einem Briefing des Generals gepflegt seinen Mitarbeiter Major B in die Pfanne gehauen. Als der General sich nach den Zeiten für Nachtpatrouillen in Grusino erkundigt, meldet er einfach die Standardzeiten anstatt klarzustellen, dass der Polizeieinsatz ausfällt! Im Ergebnis wird Major B der Schuh aufgeblasen, weil er zum Thema etwas anderes (=die Wahrheit) gemeldet hat. Ich muss hier weg!

Auf der Suche nach Schneepflügen durchstreife ich mit Siggi unseren Bereich. Weil die Maschinen erst sehr spät erscheinen, reduziert sich die Dauer ihres Einsatzes erheblich. In Vistica verbleiben sie ganze 15 Minuten! In Nikustak führen wir nach dem Abmarsch der OSCE eine Kfz-Weiterbildung durch. Als Militärkraftfahrer B versuchen sich Tomasz und Kornos, während Siggi und ich mit dem Tarpan Honker umherpreschen. Beim Wenden vor Orlanci versenke ich den polnischen Geländewagen gepflegt mit der Hinterachse. Mehrere Männer und ein Traktor bringen uns wieder heraus. Trotz allen Schweißes insgesamt eine tolle Sache.

Donnerstag, 3. Januar 2002

Der Police Reentry Process geht nur schleppend voran. Ausgehend von mehr oder weniger informellen Kontaktstellen in den Bergregionen sollten nach und nach die täglichen Präsenzzeiträume der Polizei so weit ausgedehnt werden, dass sich die „contact desks" zwanglos in allseits akzeptierte Polizeistationen verwandeln. Vielerorts ist man über den ersten Schritt des Weges allerdings noch nicht hinausgekommen.

Als wir zum Contact desk in Vistica stoßen, entsteht eine Diskussion wegen der Schüsse vom Checkpoint. Siggi weist mit der OSCE immer wieder auf die Notwendigkeit hin, die Polizei mit der Aufklärung solcher Vorfälle zu beauftragen. Das Gejammer ob der jüngsten Vergangenheit und „historischer Wahrheiten" ist wenig konstruktiv. Die Polizisten machen in Vistica eine ausgesprochen schlechte Figur. Als sie der slowenische OSCE-Berater nach ihren Maßnahmen wegen des Beschusses auf ein Haus fragt, geben sie an, bereits am 1.1. den Vorfall untersucht zu haben. Damals waren aber nur TFF und OSCE im Ort. Man korrigiert sich auf gestern. Gestern dauerte der gesamte Polizeieinsatz nur 15 Minuten. Es ergibt sich: Die Herren haben sich nicht mal Notizen gemacht!!! Mit einer solchen Dienstauffassung lässt sich das Vertrauen der Bevölkerung freilich nicht gewinnen.

Im Camp Fox treffen Siggi und ich OTL W (S4), der uns seinen Nachfolger vorstellt. Von ihm erfahren wir ganz beiläufig, dass für die Schulcontainer in Nikustak externer Strom benötigt wird. Das ist keine unwichtige Information, macht sie doch die komplette Anlieferung überflüssig. In Nikustak gibt es nämlich keinen Strom! Von daheim kommen schlechte Nachrichten: Mein Auto hat unter den Herbststürmen und dem Winterwetter gelitten. Die Reparatur wird wohl ein Schweinegeld kosten. In Euro, selbstredend. Aber was soll's, wichtig ist erst mal der Flug nach Hause. Sorgen machen kann man sich immer noch.

Freitag, 4. Januar 2002

Heute haben Siggi und ich einen freien Tag. So richtig frei hat man zwar nie, aber wenigstens kann man etwas abspannen. Deshalb ist auch die wichtigste Maxime: Kein Stress. Ich brenne für Tomasz noch zwei CD-Roms, bevor wir nach Skopje aufbrechen. Der Plan, die kurze Strecke über Nikustak und Arracinovo zu wählen, wird durch die Fahrkünste der einheimischen Bevölkerung beinahe zunichte gemacht. Mit polnisch-deutscher Hilfe kommen einige Helden der Landstraße wieder aus ihren Schneelöchern heraus. Als wir uns bis Nikustak durchgekämpft haben, kommt uns der dänische Aufklärungszug entgegen. Ich spiele wieder mal den Verkehrspolizisten und lotse die Jungs durch die angesammelten Fahrzeuge nach vorne. Ich spekuliere nämlich darauf, dass die Dänen mit ihren schweren Jeeps den Schnee zusätzlich platt drücken und damit den aktuellen Straßenzustand verbessern. Wenn wir schon keinen Schneepflug bekommen, muss man sich halt anders helfen...
Im Zusammenhang mit dem Schneechaos wird man den Verdacht nicht los, dass Bürgermeister Alili keinen Bock auf eine Wiederwahl hat. Er hat die angebotenen Schneepflüge ernsthaft mit der

Begründung abgelehnt, dass die Straßen in den nächsten Tagen ohnehin wieder zuschneien würden. Unsere Meinung dazu lautet: Nicht aufregen, nur noch 10 Tage! Schließlich wird der Reentry abgeblasen und die OSCE fährt nach Hause.

Wir fahren mit mehr als einer Stunde Verspätung in Skopje ein, wo es zunächst ins Goldviertel geht. So viele Juweliere habe ich noch nie auf einem Haufen gesehen. Allerdings erinnern die Verkaufsräume auch stark an Lotto-Annahmestellen. Während Siggi stöbert, ich staune und Jakob pausenlos Bekannte trifft, sitzt Radar im Auto. Einer muss schließlich den Wagen beschützen. Als wir zurückkommen, haben wir Glück, dass das Auto noch da steht, denn Radar ist mal wieder stumpf eingepennt. Nach einem Abstecher zum RearHQ KFOR verlassen wir die Stadt, um der Rushhour zu entkommen. Im Camp Fox holen wir uns unser Verpflegungsgeld, diesmal sogar ohne Wartezeit.

Streng genommen betrug die Wartezeit allerdings einen Monat, da es sich hierbei um das Geld handelt, mit dem wir uns im DEZEMBER hätten unser Essen kaufen sollen! Die entstandenen Auslagen können sich bei den Soldaten ganz schön läppern, wenn sie dem Staat unfreiwillig einen zinslosen Kredit geben. Das läuft aber auch bei anderen Behörden so. Von EU-Beobachtern hört man, dass sie das Geld für ihre Flüge nach Mazedonien aus eigener Tasche vorstrecken mussten. Hier spart das Auswärtige Amt. Aber wehe, der Mitarbeiter trinkt einen ungerechtfertigten Cappuccino! Dann soll den Schuft die ganze Härte des Gesetzes treffen. Gerechtigkeit ist geil, vor allem dann, wenn man selbst Richter ist.

Wir besuchen auf unserem Trip noch die amerikanische, französische und italienische PX in Petrovec. Hierbei offenbaren die Polizei-Berater der OSCE überlegene Ortskenntnis, weil sie hinter dem US-Parkplatz einfach über den Acker fahren und blitzschnell bei den Franzosen ankommen. Wir können uns mit Vorschriften rausreden, was einem als Deutschem auch kritiklos abgenommen wird. In der italienischen PX erweist sich eine Angestellte als schlagfer-

tig. (Vielleicht trifft selbiges auch auf ihren Freund zu, sie hat nämlich ein großes Pflaster am Kinn...) Als ich in den Laden zurückge-
he, um Dolmetscher Jakob zu suchen, erklärt sie lächelnd: „Da
suchst Du hier aber falsch. Hier dürfen keine Übersetzer rein, folg-
lich KANN er gar nicht hier sein..."

Nach einem weiteren Besuch im Camp zum Tanken erhalten wir
Anweisung, zum Charlie 4 zu fahren. Dort treffen wir Team Kumanovo und speisen gepflegt. Thomas hat Fotos auf Papier ziehen
lassen, unter anderem auch eines, welches Axel den Spitznamen
„Gonzo" einbringt. Überhaupt sind unsere polnischen Kameraden
nicht nur schnell, sondern auch kreativ bei der Namensgebung für
ihre Mitmenschen. Nach „Radar" gibt es jetzt auch „Junior". So ist
der junge Fernmelder benannt worden. Tomasz ist „Moneta", weil
er jeden Abend sein Geld zählt, Artur der „Walker" wegen seiner
ganzen Fußpatrouillen. Thomas ist der „Piontek". Außerdem
schwebt da noch der Name „Kermit" durch den Raum. Für wen
der wohl ist???

Samstag, 5. Januar 2002

Unsere urdeutschen Probleme treffen uns mit aller Gewalt. Wenn
im Stab die zu regelnden Probleme ausgehen, denkt man sich eben
welche aus. Dabei entstehen jene Vorgänge, die der einfache Soldat
nüchtern unter dem Begriff „Friedenskacke" zusammenfasst. Sinn-
freie Paragraphenreiterei verschafft plötzlich Themen höchste Prio-
rität, die für den Erfolg des militärischen Einsatzes belanglos oder
gar hinderlich sind.

So werde ich im Camp durch eine Feldjägerstreife darauf hinge-
wiesen, dass der Transport von gefüllten Treibstoffkanistern in
meinem Wolf nicht zulässig sei. Dies erfülle nämlich den Tatbe-
stand eines Gefahrguttransportes, der wiederum durch die Betriebserlaubnis des Wolfs nicht abgedeckt sei. Und bei einem Un-

fall ohne gültige Betriebserlaubnis könne die zivile Bundeswehr-verwaltung etwaige Versicherungsleistungen verweigern. Schlimmstenfalls könne mir ein Beamter aus seinem wohlklimatisierten Büro schreiben: „Wir bedauern, dass sie verkrüppelt sind, aber Ihren Antrag auf Versehrtenrente lehnen wir ab... Indem Sie wissentlich ein Fahrzeug ohne Betriebserlaubnis gefahren sind, haben Sie den fraglichen Unfall grob fahrlässig mitverschuldet. Ein Anspruch auf Versicherungsleistungen des Bundes besteht daher nicht." Nach dieser Erläuterung fühle ich mich nicht wirklich besser. Eine sinnvolle Alternative zu meinem illegalen Handeln können mir die Militärpolizisten allerdings auch nicht aufzeigen.

An der Tankstelle gibt es die nächste unangenehme Überraschung. Ab jetzt müssen wir plötzlich mit den Gerätebegleitheften der Stromerzeuger vorstellig werden, um überhaupt Diesel zu bekommen. Weil wir dank der beiden Kanister für unseren Stromerzeuger immer 40 Liter mehr Diesel abnehmen als andere Geländewagen, sind wir wahrscheinlich ins Fadenkreuz des Umweltbeauftragten geraten. Ein Fahrzeug mit so hohem Spritverbrauch verdirbt nämlich seine gesamte Statistik.

Ihre Öffnungszeiten (!) wollen die Spinner von der Stabs- und *Unterstützungs*kompanie aber nicht verändern. Es lebe der Kleingeist. Soviel Sinn eine Vorschrift im Friedensbetrieb machen mag, so viel Handlungsfreiheit muss sie mir im Ernstfall auch gewähren. Aber dagegen werden sich die Bürokraten schon zu wehren wissen.

Mit dieser Gewissheit stehen wir bald wieder in Nikustak und warten auf die Polizei. Vergeblich. Am Horizont in Umin Dol stehen Leutnant R und Oberfeld G und unterrichten uns über Funk über die (unbeholfenen) Räumversuche der Mazedonen. Schließlich kommt deutliche Missstimmung auf, als sich die Polizisten mit der Begründung, TFF wäre nicht da, auf den Rückweg machen wollen. Daraufhin wird es zwischen ihnen und der OSCE laut. Der Polizeikommandeur J hat möglicherweise wirklich einen entsprechenden Befehl erteilt, wenn er zuvor genügend Falschmeldungen bekommen hat. In Nikustak sehen wir interessiert zu, wie sich der dänische RECCE-Platoon mit seinen MOWAGs festfährt. Als unser Hilfsangebot abgelehnt wird, machen wir Fotos von der Pleite und setzen uns auf einen Plausch in den polnischen Honker. Die Vierschanzen-Tournee steht kurz vor dem Ende, und die Polen warten vergeblich auf Malisz-Siege. Robert hat schon verkündet, seine Patrouille im Norden bis Bischofshofen auszudehnen, um dort ins Geschehen einzugreifen.

Blick auf das verschneite Lipkovo.

In Ropalce kommt es zu einem Zwischenfall, als die Polizisten zur Mittagsstunde das Feuer aus den Bergen erwidern. Die Anwohner sind gereizt und zeigen Tomasz und Siggi ein Einschussloch, das drei Stunden später (gleicher Zeuge) an einer anderen Wand sitzt. Zustand des Loches und die Gesamtsituation lassen darauf schließen, dass die Uniformierten über das Dorf hinweggeschossen haben. Und diesmal wenigstens nicht in Richtung Vistica.

Zu diesem Zeitpunkt bin ich mit drei Kumanovo-Jungs auf dem Weg zum Hubschrauber-Landeplatz im Camp Fox. Wir fliegen die jetzt vom Schnee eingeschlossenen Kampfstände und Checkpoints ab, wobei wir in 150m Höhe durch die Schneelandschaft knattern. Während Leutnant R und ich fotografieren, zählt Oberfeld G Panzer. Wir sichten auch das armselige Alasevce und die Stellung K1. Die mazedonische Armee hat sich überall verstärkt. Aus der Luft können wir beobachten, dass es im HQ Lipkovo gerade OSCE-Besuch gibt. Nach über einer Stunde kommen wir von einer grandiosen Tour zurück. In Lipkovo werden die Fotos ausgetauscht. Major Tom hat lecker gekocht, und mit großer humanitärer Geste bekommt Lt R auch noch etwas ab. Geradezu harmonisch klingt der Tag aus. Ich höre noch Musik und schlafe ein.

Sonntag, 6. Januar 2002

Auch ein Sonntag dient dem Police Reentry. Wir fahren zwischen Vistica und Nikustak hin und her, weil Ropalce noch immer nicht erreichbar ist. Die Strasse ab Nikustak wird nämlich nicht geräumt, und über Matejce dürfen die Polizisten nicht fahren.

Als Siggi und ich in Ropalce Präsenz zeigen, werden wir auch gleich angesprochen. Aufgeregte Menschen zeigen uns Einschüsse in einem Gartentor. Die stammen vom gestrigen Beschuss durch die Polizeistellung östlich des Dorfes. Ich mache Fotos und wundere mich über die Flugbahn der Geschosse. Es handelt sich zum Teil um Querschläger! Siggi erklärt den Leuten, dass sie auf jeden Fall die Polizei einschalten müssen. Als wir wieder im Mobilfunkbereich von Mobimak sind, stellen wir fest, dass die Polizisten gerade eintrudeln. Obwohl ich Leutnant „Kryptokopolus" im JOC beinahe in Echtzeit das Eintreffen melde, gibt das Probleme. Vielleicht ist

Nachdem Sven Hannawald alle Springen der Vierschanzen-Tournee gewonnen hat, lasse ich natürlich keine Gelegenheit ungenutzt, unsere polnischen Kameraden nach dem (miesen) Abschneiden von Adam Malisz zu befragen. Bei Papa1 gibt es trotzdem auch für Siggi und unseren Dolmetscher Enis Tee und Kekse.

der Grieche auch nur überfordert. Fakt ist, dass Thomas am Nachmittag vom JOC aus angemacht wird, weil unsere Meldungen fehlen würden. Das deckt sich mit meinen schlimmsten Befürchtungen. Wie mir Leutnant R versicherte, wurde er auch schon präventiv wegen einer fehlenden Meldung zusammengefaltet, die er bereits 3 Wochen zuvor SCHRIFTLICH im JOC eingereicht hatte. Schuld sind immer die anderen. Die hohen Herren scheinen unsere daily reports nicht mal zu lesen. Ähnliches läuft aber auch bei der EUMM, und so versucht Siggi in Nikustak Z zu überreden, die kürzlich erstellte Personalliste noch einmal aufzusetzen. Dazu hat dieser zwar überhaupt keine Lust, weiß das aber durch die Blume zu sagen. Wenn es schon nicht vorwärts geht, dann sollten wenigstens clevere Leute am Ruder sein.

Montag, 7. Januar 2002

Für Fortschritte im Verhältnis zwischen Polizei und den Bürgern von Ropalce stehen wir morgens gerne früher auf. Polizeiberater Everett möchte mit zwei Dorfvertretern und der EUMM einen Dialog auslösen. Er bittet uns, mit unserem Wolf als dem geländegängigsten Fahrzeug vorzufahren, damit wir die Polizisten darauf ansprechen können. Team Kumanovo wurde in diesem Fall bewusst nicht informiert, weil die vorgesetzten Dienststellen der Mazedonier nicht auf die Polizisten einwirken sollen. Und das würden sie hundertprozentig, wenn wir uns angemeldet hätten.

Also fahren wir mit Everett und Schneeketten in äußerst spannender Manier durch die Schneewehen. Die anderen beiden Autos nutzen dann unsere Spur. Das Gespräch verläuft für Balkanverhältnisse optimal. Der Schichtführer und der Bürgermeister tauschen ihre Handynummern aus. Der Chef der Zivilverteidigung möchte künftig die Polizei informieren, wenn Feierlichkeiten (und damit Schüsse) ins Haus stehen. Die nahe gelegene Armeestellung stellt sich da dämlicher an, aber wenigstens haben wir die Verbindung herstellen können. Wir beteiligen uns anschließend am Police Reentry, wo sich sowohl Tom als auch Everett sehr herzlich von uns verabschieden. Sie fahren in Urlaub und werden uns wohl nicht mehr wiedersehen. Es ist schon rührend, dass uns die OSCE-Leute so schätzen. Wir scheinen wirklich eine besondere Mannschaft zu sein. Daheim telefoniere ich mit OLt G, um in Deutschland meine Abholung vom Fliegerhorst in Penzing zu organisieren und Urlaub herauszuschinden. Das gelingt auch. Im Anschluss holt uns die Realität ein: Der SEA stirbt. Wie ein verblutendes Tier verliert er Öl und regt sich nicht mehr.

Unsere Ablösung landet in Petrovec, aber Chef kann noch keine Verbindung aufnehmen. Major Tom holt schließlich den Major B im Lager ab, um ihm einen Abend Auszeit vom JOC-Wahnsinn zu gönnen. Es geht zum Essen ins C4, anschließend zu uns. In Lipkovo stellt mir Jerzy eine berechtigte Frage. „Where is your glass?" Der Abend gehört ab diesem Zeitpunkt der Völkerverständigung. Ich erfahre viel über seine Jugend, in der Straßengangs und Gewalt zum Alltag gehörte. Die polnische Armee hat wohl einen guten Fang gemacht und seine Energie in die richtigen Bahnen gelenkt. Hinter vorgehaltener Hand wird meine Vermutung bestätigt, dass der Spitzname „Kermit" meiner Person gewidmet ist. Angeblich geht dies auf meine Gewohnheit zurück, im Hausflur den Aufbruch der Männer zu beobachten, wenn ich sie auf Patrouille schicke. Zusammen mit meiner Körpergröße erinnerte dies wohl jemanden an Backstage-Szenen aus der Muppet-Show, in denen der kleine Regisseur auf seine Darsteller einredet: „Kinder, kennt ihr auch alle euren Text?"

Abschied

Dienstag, 8. Januar 2002

Nachmittags wird das neue Team im Camp abgeholt und bei uns einquartiert. Die Burschen wirken einfach nur alt (Schon jetzt?) und reichlich desorientiert. Bei der Einführung lautet jede zweite Frage: „Wie ist das geregelt?" Der neue Major G ist Master Controller, spricht erstaunlicherweise aber kaum Englisch! Der Fachdienst-Leutnant hat das Gesicht ständig zur Faust geballt, der Oberfeldwebel wirkt unbedarft. Lediglich der Stabsfeldwebel macht einen intakten Eindruck. Diese Männer scheinen in einem multinationalen Stab besser aufgehoben – als Schreibtischtäter.

Aus dem JOC kommt heute auch sonst nichts gutes, denn wir müssen unser Gepäck zwei Tage vor dem Abflug der Maschine abgeben. Das bedeutet im Klartext, dass wir lediglich mit Handgepäck zurückfliegen. Wozu das nötig sein soll, versteht kein Mensch. Wie üblich richtet sich der Kunde nach dem Dienstleister.

Wenigstens funktioniert die Arbeitsebene noch: Unbürokratisch erscheint SEA-Mechaniker Feldwebel A mit einem Ersatzgerät bei uns. Leider sind solche Geräte 450kg schwer. Auf- und Abladevorgang fordern die Power unserer polnischen Kameraden, die das alte Teil in einem unglaublichen Kraftakt auf die Ladefläche des Zweitonners wuchten. Der neue SEA wird in Stellung gebracht und getestet, muss aber erstaunlicherweise wegen guter Energielage in Lipkovo gar nicht genutzt werden. Aber seine Tage kommen bestimmt. Während der gesamten Aktion ist von den Neuen nichts zu sehen. Die löchern Major Tom mit häufig recht sinnlosen Fragen. Wir schieben dieses auf die Unsicherheit der Jungs und üben uns in Geduld.

Abends philosophiere ich mit Jerzy über Gott und die militärische Welt. Ich lerne die Bedeutung des Spitznamen „Dziubek" (=Schnabel). Ihm wurde in seiner Grundausbildung vorgeworfen, sich beim Chef eingekratzt und Sonderurlaub erschleimt zu haben. Unabhängig vom Wahrheitsgehalt der Geschichte gab es der Neider viele. Manche Dinge sind in jeder Armee gleich...

Mittwoch, 9. Januar 2002

Der Tag des Abschieds naht, und die Neuen müssen die lokalen Größen kennen lernen. Wegen des Zeitmangels hat Major Tom zu einem Empfang geladen, um die Fahrerei zu jedem einzelnen Dorfchef zu vermeiden. Ich erhalte den Auftrag zur Organisation der Party. Mit Tomasz fahre ich zum Einkaufen nach Kumanovo. Dort decken wir uns mit Brot, Wurst, Leckereien und sonstigem ein. Als wir zum Supermarkt gehen, fällt mir auf, dass Dziubek und Kornos versetzt hinter mir laufen. „Wenn ihr Euch noch die Sonnenbrillen aufsetzt, seht ihr wie meine Leibwächter aus." „Kein Problem." Tomasz fingert wichtig an seinem Funkgerät mit Ohrhörer herum, und alle grinsen sich eins. So sicher habe ich noch nie eingekauft.

Nach mehreren Geschäften tut sich ein Problem auf: Nema o gurky. Aber auch der Markt hat keine Gurken im Angebot. Da muss der Salat wohl aus Tomaten bestehen. Ich erfahre von der beim FLT Kumanovo inzwischen gebräuchlichen Kunstsprache „Smerglisch", die in Anlehnung an ihren polnischen Erfindern polnische, deutsche und englische Wortfetzen scheinbar beliebig zusammenmischt. Bekanntester Ausfluss davon ist die militärisch knappe Zusammenfassung eines Beobachtungsauftrages: „Looken, kucken, tak, tak!"

Zurück in Lipkovo fährt Tomasz auf Patrouille, und Roberts Team beginnt mit dem Anrichten. Vorher ist aber noch Jerzy am Zug, der ein Foto in deutscher Bristolweste von sich machen möchte. Für die Froschperspektive lege ich mich mit der Kamera auf den Boden und stelle fest, dass kleine Sünden tatsächlich sofort bestraft werden. Ich ramme mir nämlich bei der Aktion einen Holzspan in den Hintern. Während wir uns über das Geschirr für die Abschiedsparty Gedanken machen, geht völlig unter, dass Major Tom bereits in der Küche Camp Fox Utensilien angefordert hat. Als er das erwähnt, läuft die Zeit bereits gegen mich. Ich springe mit Jerzy und Jakob ins Auto und fahre in Camp Fox. Jakob springt im Kumanovo heraus, um in der Zwischenzeit Cevabs zu kaufen. In der Camp-Küche ist die Anforderung sogar bekannt, und wir können 30 Teller, Tassen, Messer, Gabeln und Löffel abgreifen. Wir befestigen die kostbare Fracht mit Hilfe von Sitzgurt und Schnürsenkeln auf dem Rücksitz, federn sie noch mit Jacken ab und transportieren alles nach Lipkovo. Ein Blick auf die Uhr lässt uns plötzlich auf die sonst so verachtete Balkanpünktlichkeit hoffen. Als wir erscheinen, ist die Party jedoch schon im Gange und das Wohnzimmer proppenvoll. Zu spät! Die mitgebrachten Cevabs und Teller werden dennoch gern genommen.

Es sind so ziemlich alle „Prominenten" da, inklusive ihrer Leibwächter. Auch OSCE und EUMM sind vertreten. Major Tom wird mit Geschenken überhäuft. Ein Kugelschreiber befindet sich ebenso darunter wie eine niedliche Mütze, mit der sich Dan für seine eigene bei Thomas bedankt (oder vielleicht auch rächt). Der Knaller ist ein Gemälde, das zwar nicht den albanischen Volkshelden Skenderbek, aber doch einen wichtigen alten Zausel zeigt. Vom italienischen EOD gab es schon vorher ein symbolisches Dynamit-Paket. Überall in der Gästeschar gibt es angeregte Unterhaltungen, so dass die Veranstaltung als Erfolg gewertet werden kann. Ich unterhalte mich mit Elena und Michael, wobei die beiden auch bedauern, dass wir hier bald abfliegen. Dieses Gefühl vermitteln einem alle Beteiligten.

Schließlich gehen die Gäste nach Hause, und wir haben wieder Zeit für unsere eigenen Probleme: Dolmetscher Jakob dreht durch. Bei einem Gespräch mit den Polen kommt es bei einem Streit fast zu Handgreiflichkeiten. Es wird niemand verletzt, aber trotzdem ist ein solcher Ausbruch unverzeihlich. Wie die Polen erklären, zeige Jakob keinerlei Verständnis für militärische Belange und trete auch nur gegenüber den Deutschen respektvoll auf. Er ließe auch keine Gelegenheit aus, zu seinem eigenen Vorteil zu arbeiten. Mit solchen Vorurteilen haben viele Albaner zu kämpfen, und manchmal sind sie auch begründet. Trotzdem muss man sich im Zaume halten. Es wird wieder etwas Zeit brauchen, bis die Wogen sich geglättet haben.

Donnerstag, 10. Januar 2002

Der Einzug der Polizei muss in eine neue Phase treten. Diesmal sollen Matejce, Orizari, Lipkovo, Otlja contact desks einrichten. Die Versprechen der Mazedonier zu Nikustak und Vistica sind allerdings immer noch nicht erfüllt. Ich nehme an einer Tour ins Camp Teil, bei der ich den Fahrstil des neuen Leutnants bewundern kann. Eine Vollbremsung folgt der anderen, was nicht gut für die Wirbelsäule ist. Funker Junior staunt auch vor sich hin. Außerdem ballen unsere Freunde das Gesicht zur Faust, dass es eine wahre Freude ist. Zusammen mit dem arroganten Eindruck des Lt L wird das die Beziehung zur Bevölkerung nicht verbessern.
Im Lager fertige ich mit Hilfe von Hptm E aus dem J6 Ausdrucke von den Urkunden an, die wir den Polen überreichen wollen. Junior muss für seinen Urlaubsantrag beim Rekrutentennis im Lager mitspielen. Siggi und Thomas verbringen den Tag in OSCE-Meetings. Das liegt daran, dass das mazedonische Innenministerium als Ausdruck seines Versöhnungswillens den Polizisten verboten hat, mit Albanern zu verhandeln. Daher müssen alle Bera-

tungen zum Reentry-Programm zweimal durchgeführt werden. Die Betonköpfe lassen grüßen und behindern plump jeden größeren Fortschritt.

Am abendlichen Umtrunk („Traditionsrunde") nehmen heute neben Jerzy auch Siggi, Junior und „Commander" Kierzu teil. Die Veranstaltung hat den Beigeschmack einer vorgezogenen Abschiedsfeier, denn morgen fliegen Robert, Jerzy, Kierzu und Maslan von Sofia aus in den (wohlverdienten) Heimaturlaub. Die Burschen müssen mit einer Einsatzdauer von bis zu einem Jahr rechnen, so dass sie natürlich dankbar die Gelegenheit ergreifen, sich bei Frau und Kindern ins Gedächtnis zu rufen...

Irgendwie bekomme ich das Gefühl, dass wir bei unseren polnischen Kameraden sehr beliebt sind. Das Gespräch kreist immer wieder um gemeinsame Erlebnisse und die neuen Deutschen im Haus. Wir sind uns alle darüber einig, dass jeder Mensch unterschiedlich ist und Eingewöhnungszeit braucht. Genauso ist sich aber auch jeder für sich darüber im Klaren, dass unsere Ablösung besonders viel Toleranz erfordern wird...

Freitag, 11. Januar 2002

Heute ist Packtag. Es ist immer wieder erstaunlich, wie das Gepäck im Laufe der Zeit anzuwachsen scheint. Das ist umso erstaunlicher, wenn man bedenkt, dass die Bekleidung in der Wäscherei stets eingelaufen ist. Theoretisch sollte doch mehr platz sein. An dieser Stelle ist wohl ein Lob für die Wäscherei angebracht, die unermüdlich daran arbeitete, unsere diesbezüglichen Sorgen zu minimieren.

Unsere Ablöser machen wieder einen eigenwilligen Eindruck. Der Ordnungszwang des Majors scheint neben seinem Sächsisch das einzige prägende Merkmal zu sein. „Als isch hior zumm örschtön Mol reingam, dachd isch, hior hädde ne Bombe eingeschlaachen." Wir erinnern uns: Als er das erste mal in unser Haus kam, waren auch alle damit beschäftigt, das Gepäck der Neuen hereinzutragen und anschließend zwei 450kg schwere Stromerzeuger durch die Gegend zu schleppen. Aber man muss eben Prioritäten setzen. Auch der Schreibtisch, auf dem Major Tom ihm zuliebe den ganzen Übergabevorgang schriftlich fixiert, passt ihm nicht. Wir haben wohl echte Chairwarmer am Hals! Oder besser gesagt: Unsere armen Polen.

Tomasz kann die Neuen in Ropalce kaum zur Ruhe bringen, als sie dort wegen zweier Schüsse aufkreuzen. Irgendwie ist seine Meinung aber auch gar nicht gefragt. Wozu auch einen ortskundigen Infanteristen um Rat bitten, wenn man als Master Controller das Wissen gepachtet hat? Ich erinnere mich an Roberts Worte. Er, den jeder nur als Kasper kennt, war ungewohnt nachdenklich. Er hatte es gewagt, während einer Unterhaltung ungefragt seine Meinung zu äußern: „I told them: Don´t worry, we have some expierience, too. There was only consternation. For just a little too long..." Vielleicht hatte ihn der MC mit seinem Lübke-Englisch aber auch einfach missverstanden. Als wir zu unserem Abschied von Kumanovo ins C4 aufbrechen wollen, fängt uns Iseni ab. Er bedankt sich bei uns für unsere Hilfe und schenkt jedem von uns einen Wecker. Das Teil sieht zwar wenig Vertrauen erweckend aus, aber letztendlich zählt die Geste. Als wir in der OSCE-Zentrale vorbeischauen, sind nur drei Leute da. Als Roger vom Tätigkeitsfeld unserer Ablösung erfährt, ist er als ehemaliger Luftverteidiger der U.S. Marines entsetzt: „Oh shit, CRC goofies..." Nochmehr enttäuscht ist er allerdings, weil wir schon am Montag abreisen. Das hängt damit zusammen, dass die OSCE Kumanovo extra für uns eine Abschiedsparty organisiert hatte, und zwar am Dienstag. Mist. Da wäre ich zu gerne dabei gewesen. Und die OSCE-Leute offensichtlich auch. Der Abend im C4 erweist die Bedienung als überfordert und das Essen als ganz offensichtlich schlecht. Da fällt einem der Abschied viel leichter. Eine nette Information am Rande ist der Hinweis von Major S, der polnische Botschafter habe sich bei General K ausdrücklich für die Zusammenarbeit in den deutsch-polnischen Teams bedankt. Davon gibt es in Mazedonien nur zwei... Auch das ist eine nette Geste und ein Indiz dafür, dass wir hier ganz gut gearbeitet haben. Als wir wieder in Lipkovo ankommen, stellen wir fest, dass Artur und Matrix aus dem Urlaub zurück sind. So kommen sie gerade recht zu unserem Abschiedsabend.

Major Tom verteilt unter großem Hallo die Urkunden an die Dolmetscher und vor allem die Polen. Weil wir die Jungs ja nur mit Spitznamen kennen, ist es achtmal eine Überraschung, wer sich denn nun hinter der jeweiligen Konsonanten-Kombination verbirgt. Thomas erklärt Artur, als „Walker" müsse er morgen eine Fußpatrouille nach Ropalce unternehmen und zum Telefonieren immer nach Nikustak laufen. Zwei polnische Autos seien kaputt, und das dritte bräuchten wir morgen als Shuttle ins Camp. Tomasz unterstützt seinen ungläubig dreinblickenden Kameraden, indem er süffisant anmerkt, dass es für uns zu Fuß auch sehr weit nach Budnardzik sein dürfte. Beim Umtrunk beteiligen sich auch die sonst abstinenten Kameraden wie Kornos, Dziubek und Dudi. Wir erhalten dann Geschenke von den Polen. Es handelt sich um Bücher über die polnischen Streitkräfte, die Artur und Matrix vorsorglich während ihres Heimaturlaubes mitgebracht haben müssen. Sogar Radar bekommt eines. Nur Junior geht leer aus, weil er scheinbar noch nicht auf der Liste drauf war. Es wird erneut ein langer Abend, der auf etwas Abschiedsschmerz hindeutet.

Samstag, 12. Januar 2002

Irgendwann muss man aufstehen, auch wenn der Kopf wehtut. Zu unserer Überraschung kommt neben einem Gepäck-Lkw auch gleich noch ein T4. Als wir beladen wollen, tragen wir alle Säcke ins Foyer wegen der kürzeren Wege zum Lkw. Da macht sich wieder Major G bemerkbar: „Unn wie soll isch jetzt an meine Schuhe komm?" Kauf dir doch neue! Nach herzlichem Abschied (von den Polen) fahren wir auf spiegelglatter Strasse nach Slupcane, wo wir von Imam Jakoub an die Brust gedrückt werden. Dann geht es ins Camp, wo wir ein Zelt beziehen.

Bei der Abgabe der Munition fehlt mir eine Patrone Pistolenmunition. Sie bleibt auch verloren, so dass eine Verlustmeldung angefertigt werden muss, die erstaunlich problemlos bearbeitet wird. Vielleicht trägt dazu auch die Tatsache bei, dass mit Thomas ein Major als „Teileinheitsführer" unterschrieben hat...

Im JOC bekommt Thomas Wind vom Arbeitsstil der Neuen. Er belauscht ein Telefonat mit dem Inhalt: „Wir verlassen jetzt unseren Streifenweg und fahren nach Norden. Dort hat sich ein OSCE-Fahrzeug festgefahren." Streifenweg? Meldung?? Ägypten???

Am Abend sitzen wir im Betreuungszelt anlässlich der Geburtstagseinladung von Major B. Wir entwickeln ein gewisses Dankbarkeitsgefühl ob der Tatsache, dass uns die hiesige Art der Freizeitbeschäftigung (Saufen) erspart geblieben ist. Die highlights des Abends sind aber zwei andere Aktionen. Als wir zum ersten Male am Abendbriefing teilnehmen wollen, wird uns der Zutritt verwehrt. So werden wir nie erfahren, was mit den ganzen Meldungen passiert, die FLTs während des Tages absetzen. Zum anderen läutet Siggi eine neue Epoche in der Skat-Geschichte ein: Beim Null ouvert sagt er allen Ernstes Schneider an. Wir brauchen Minuten, um uns von den Schmerzen im Zwerchfell zu erholen. Ansonsten zockt Axel alle ab, bevor wir um 2300 rausgeworfen werden. Alltag für Leute im Camp! Und wir passen uns an...

Sonntag, 13. Januar 2002

An diesem Morgen erleben wir unseren ersten (und einzigen) Brunch im Einsatzland. Ausgeschlafen zum Schlemmen zu gehen, ist nicht nur in Mazedonien eine tolle Sache. Aber hier genießt man eben besonders. Wir speisen etwa anderthalb Stunden lang, wobei auch ich mir immer wieder den Teller voll schlage. Schließlich gehe ich zurück zum Zelt, wo ich mich auf das Bett lege und philosophiere. Verschiedene Situationen des Einsatzes gehen mir durch den Kopf. Wie oft waren wir eigentlich knapp davor? Gefährlich war der Einsatz allemal, auch wenn man nur zu oft zu beschäftigt war, um darüber nachzudenken. Aber die Ausflüge auf dem Pfad nach Straza, der erst später von Minen geräumt wurde, oder eine Panzermine in Vaksince stechen hervor. (Wie sich später herausstellte, war der Blindstopfen, den die Italiener in die Mine einschraubten, in Wirklichkeit ein beschädigter Zünder. Und ich stand drei Meter daneben...) Wie oft hat in der Dunkelheit irgendein besoffener Mazedonier auf uns angelegt? Oder ein nervöser Albaner? Das will man besser gar nicht wissen. Die Verbindung zu den GO/NGOs ist mustergültig gewesen. Warum sonst verlangte Lotti (OSCE-Mitarbeiterin aus der Schweiz) nach ihrem Beinbruch vor dem OSCE-HQ nicht etwa einen Arzt, sondern die TFF? Oder warum riefen nach fortgeschrittener Einsatzdauer sogar die pazifistischen Hilfsorganisationen bei uns an, wenn sie Informationen brauchten? Wahrscheinlich haben wir doch einen guten Eindruck vom deutschen Militär hinterlassen.

Wenn man über unsere Kontakte mit den Stabstätern nachdenkt, bekommt man das Gefühl, dass man viele jederzeit ersetzen könnte. Dazu braucht man nicht einmal besonderes Fachwissen. Das einstige Motto der Aufklärung reicht fast immer aus: „Habe den Mut, Dich Deines eigenen Verstandes zu bedienen!" Aber das geschieht viel zu selten. Stattdessen scheinen viele dankbar für die Erklärungsmöglichkeit „Das hat der Chef des Stabes so gewollt." Hat er das wirklich? Oder hat sich nur keiner getraut, eine eigene Meinung zu vertreten? Wie dem auch sei, der Nachmittag wird von anderen Problemen beherrscht.

Unsere Hoffnungen kreisen um die Auflösung des Nebels, da eine Verschiebung unseres Abfluges droht! Habe ich alles verpackt?

Habe ich auch alle Fotos auf meinem Rechner? Fehlt mir von dieser oder jener CD vielleicht eine Datei? Schließlich können die Maschinen verpackt und der Abschlussabend in Angriff genommen werden. Dort gibt es wenig Alkohol für mich und viele Geschichten für die Gäste. Mit Siggi staune ich ob der Erzählkünste unseres Teamleaders darüber, wie schnell sich doch Erlebnisse verklären. Auch der CoS schaut kurz herein, was eine sehr nette Geste darstellt, bevor er wieder von dannen zieht, um „Stabsarbeit auszulösen." Schließlich legen wir uns in unsere Betten für die hoffentlich letzte Nacht in Mazedonien. Zweimal in dieser Nacht bewege ich mich zur Toilette und komme mir dabei vor wie ein alter Mann. Kein Wunder, ich gehe ja auch straff auf die 30 zu.

Montag, 14. Januar 2002

Direkt nach dem Aufstehen erfolgt der Blick nach draußen. Der Nebel hat sich gelichtet! So gehen wir beschwingt zum Essen und geben anschließend unsere Bettwäsche ab. In Etappen bringen wir unser Gepäck zum Abgabepunkt, damit wir um 0830 erst einmal zu unserem Termin beim CoS wahrnehmen können. Der ist aber nicht da, so dass sich der Tagesablauf etwas verschiebt. Also wird wieder eine Fuhre Gepäck geschleppt, bevor ich den Oberst sichte. Nun fehlt aber Thomas. Als er angeschlendert kommt, realisiere ich, dass er wahrscheinlich im Zelt auf uns warten wollte. Im JOC gibt es dann aus den Händen des CoS eine Urkunde für unseren Einsatz hier. Sie kann sich zwar in keiner Weise mit unseren Dankschreiben für die Polen messen, aber auch hier zählt der Wille. Siggi erkennt: „Das Teil ist zwar nicht schön, aber es ist mehr, als ich erwartet hatte." Nach der letzten Gepäckschlepperei geht es für mich auf zur Campdurchsuchung: Mir fehlt ein Magazin. Zum Glück finde ich es schnell und kann guten Mutes zum Betreuungszelt gehen, wo uns OTL S zum Kaffee eingeladen hat. Es gibt Worte des Dankes und auch hier eine improvisierte Urkunde, die wohl einen Platz in der Erinnerung, aber nicht im Dienstzimmer erhalten wird. Schließlich ist es Zeit zum Aufbruch.

Wir nehmen in einem T4 Platz und kommen etwa 150m, bevor am Tor der Posten das Aufsetzen unserer Helme verlangt. Das ist eine tolle Idee, im Vorgefühl der sicheren Heimreise haben wir diese nämlich bereits mit dem Gepäck-Lkw zum Flughafen geschickt. So stiefelt Major Tom als „der eingeteilte Führer" ins Wachlokal. Dort sitzt der einsamste Oberleutnant der Marine, den wir noch vom Herflug kennen. Ein kurzes Gespräch klärt die Situation: „Wissen Sie, was passiert, wenn Sie uns nicht rauslassen?" „Was denn bitte-schön?" „Dann bleiben wir eben hier!"

Es geht zum Airport, wo zum x-ten male eine Sicherheitsüberprü-fung der Waffen durchgeführt werden muss. Ich habe irgendwann nicht nur die Hände, sondern auch die Nase voll, als mein Lunch-paket einreißt und sich der Inhalt in schöner Regelmäßigkeit auf dem Boden zu verteilen beginnt. Mit 200 Puls (na ja, nicht ganz) geht es dann zur Personenkontrolle am Flughafen, die ich noch nie so penibel erlebt habe. Ich frage mich, ob das auch mit Bin Laden zu tun hat oder die MP einfach nur Waffenschmuggel befürchtet. In einem Wartesaal sitzen wir mit etlichen Franzosen, die auf ihren Flug nach Metz warten. Ihr Flugzeug ist ein bequemer Bundes-wehr-Airbus, während die Deutschen mit der rustikalen Transall fliegen sollen. Wenn der Airbus anschließend nach Toulouse zur Wartung weiterfliegt, ist das in Ordnung. Anderenfalls weiß ich jetzt den Grund für die Personenkontrolle: Man will Amokläufen vorbeugen. Nach einigen Skatrunden entdeckt mich Hauptmann K, mit dem ich an der Uni Fußball gespielt habe. Er erkundete mit seinem Spieß den Kosovo. Im Frühjahr darf er dann hier Dienst tun. Viel Spaß dabei.

Dann gibt es noch einmal Stress am Flughafen, nämlich als sich abzeichnet, dass unser Handgepäck direkt verladen wird. „Die haben sie doch wohl nicht alle, da sind meine ganzen Wertsachen drin!" Major Tom verlangt erfolgreich die Herausgabe seiner Tasche, wir anderen lagern einige Artikel um (Schlüssel, Telefon, Discman, etc.) Offensichtlich ist die Definition von „Handgepäck" im Camp und am Airport nicht die gleiche. Der Flug ins schöne Penzing verläuft nahezu ereignislos. Nach sanfter Landung sagen wir recht hektisch Lebewohl und verteilen uns auf die Transportkapazitäten.

Nun erwartet mich eine 800km lange Autofahrt zum Heimatstandort. Ein Zivilkraftfahrer, der schon gestern dazu angereist ist, chauffiert mich und die Waffen nach Bremervörde. Während der ganzen Fahrt bin ich in einer Art Dämmerzustand. Ich bin zwar nicht wirklich wach, kann andererseits aber auch nicht einschlafen. Inzwischen ist es auch dunkel, so dass ich keine Nerven habe, die Papiere aus Bremervörde durchzulesen. Ich fülle den Urlaubsantrag aus und gebe ihn nach guten 7 Stunden Fahrt zusammen mit unseren Personalunterlagen und den Waffen ab. Dann setzt mich der nette Kraftfahrer gegen 0130 zu Hause ab, und das Abenteuer Mazedonien hat ein gutes Ende. Als der Kopf endlich auf ein Kissen trifft, ist das Einschlafen kein Problem mehr.

Nachwort

Mit der Ankunft in der Heimat ist der Einsatz noch nicht abgeschlossen, denn die Rückkehr in den Alltag steht erst bevor. Ich kehrte mit meinen Erfahrungen in eine Welt zurück, in der die Zeit natürlich nicht stillgestanden hatte. Die bevorstehende Auflösung unseres Verbandes warf viele dunkle Schatten voraus. Neben ehrlichem Interesse für meine Erlebnisse stieß ich vereinzelt auch auf reservierte Ablehnung. Man hatte genügend eigene Probleme.

Für meine persönliche Transformation waren Gespräche mit vertrauten Menschen sehr wichtig. In Mazedonien kursierte ein selbstironischer „Leitfaden" über die gängigsten Marotten der Soldaten: „Da Ihr Gatte daran gewöhnt ist, im Lärm von Generatoren zu schlafen, verschütten Sie unter dem Schlafzimmerfenster etwas Diesel und lassen nachts den Rasenmäher laufen." Auch ohne dieses „Handbuch" ließen mir Familie und Freunde genügend Raum und Zeit. Ich bin heute dankbar dafür, dass ich sie ganz selbstverständlich mit meinen Geschichten unterhalten/ fesseln/schockieren/langweilen/nerven durfte.

Insgesamt denke ich, dass ich mit meinem Auftrag in Mazedonien das „große Los" gezogen habe. Mein täglicher Dienst war abwechslungsreich, hochinteressant und sinnvoll. Dadurch unterscheidet er sich von den Einsatzerlebnissen vieler Bundeswehr-Soldaten, die von ebenso notwendigen wie monotonen Arbeitsabläufen frustriert sind und sich monatelang in umzäunten Camps eingesperrt fühlen.

Es ist durchaus nicht selbstverständlich, dass man mit bereits vertrauten Kameraden in einen gemeinsamen Einsatz geht. Für mich bedeutete dies in kritischen Situationen zusätzlichen Rückhalt.

Gleiches gilt für die außergewöhnliche Zusammenarbeit mit den polnischen Kameraden, deren militärische wie charakterliche Qualitäten ich nur in den höchsten Tönen loben kann. Ich hatte darüber hinaus das seltene Privileg, Projekte beeinflussen und deren Fortschritte beobachten zu können. Gesprächen mit Personen aus unterschiedlichsten Kulturkreisen (Anwohner, Polizisten, zivile Aufbauhelfer usw.), rührenden Geschichten und eindrucksvollen Bildern verdanke ich lebendige Erinnerungen an Menschen, Orte und Ereignisse. Wer genau hinsieht, kann Würde und Weisheit an den ungewöhnlichsten Orten entdecken.

Was den Erfolg der Mission angeht, so haben wir den politischen Auftrag zweifellos erfüllt. Es lässt sich darüber streiten, ob die von der Bundesregierung gewählte Strategie mittel- und langfristig sinnvoll ist. Wir Soldaten jedenfalls gaben unser Bestes und handelten dabei stets im Geiste des politischen Mandats.

Ob der Frieden zwischen den beiden großen Volksgruppen Mazedoniens von Dauer ist, wird man erst in ferner Zukunft mit Bestimmtheit sagen können. Wie diese Zukunft aussieht, hängt von den Lehren ab, die alle Beteiligten aus dem Konflikt und den internationalen Reaktionen ziehen. Die deutsche Politik mag für sich verbuchen, zur Entschärfung eines bewaffneten Konfliktes beigetragen und die Zivilbevölkerung vor Tod und Hungersnot bewahrt zu haben.

Doch bei aller deutschen Genugtuung bleibt noch eine andere Lesart der Geschehnisse: Selbst wenn eine Bevölkerungsgruppe mit Bomben und Raketen gegen die Sicherheitsorgane einer demokratisch gewählten Mehrheitsregierung vorgeht, kann sie sich letztendlich auf die humanitäre Ader des Westens immer verlassen. Ist ein Angreifer nämlich mit Worten nicht mehr zu stoppen, kritisieren wir stattdessen die rücksichtslose Notwehr des Opfers.

Damit setzen wir für Brandstifter in aller Welt ein fatales Signal: Die moralische (und materielle) Unterstützung durch westliche Staaten hängt weniger von der Rechtmäßigkeit des eigenen Handelns ab als von einer wirksamen Inszenierung leidender Zivilisten. Wir wollen kein Blut sehen! Mindestens in diesem Punkt verstehen uns die wirklich gefährlichen Kräfte dieser Welt weit besser als wir glauben...

Die Bundesregierung wird auch künftig Soldaten in Auslandseinsätze schicken müssen. Meine Hoffnung ist, dass man sich mit den eigenen Stärken und Schwächen ehrlich auseinandersetzt und aus den Schlussfolgerungen ernsthafte Konsequenzen zieht. Es wird immer wieder Fehler und Rückschläge geben, allerdings sollte man sich deshalb nicht aus der Verantwortung stehlen. Wie gern zitiert dieser Tage jedermann den Artikel 1 des Grundgesetzes: „Die Würde des Menschen ist unantastbar." Vielleicht sollten wir Absatz 1 gelegentlich zu Ende lesen. Denn mit Engagement, etwas Glück und sehr viel Weitblick kann man tatsächlich etwas Frieden schaffen...

Über tredition

Der tredition Verlag wurde 2007 in Hamburg gegründet und ermöglicht Autoren das Publizieren von e-Books, audio-Books und print-Books. Autoren veröffentlichen ihre Bücher selbständig oder auf Wunsch mit der Unterstützung von tredition. print-Books sind in allen Buchhandlungen sowie bei Online-Händlern gedruckter Bücher erhältlich. e-Books und audio-Books können auf Wunsch der Autoren neben dem tredition Web-Shop auch bei weiteren führenden Online-Portalen zum Verkauf angeboten werden.

Auf www.tredition.de veröffentlichen Autoren in wenigen leichten Schritten ihr Buch. Zusätzlich bieten zahlreiche Literatur-Partner (das sind Lektoren, Übersetzer, Hörbuchsprecher und Illustratoren) ihre Dienstleistung an, um Manuskripte zu verbessern oder die Vielfalt zu erhöhen. Autoren können dieses Angebot nutzen und vereinbaren unabhängig von tredition mit Literatur-Partnern ihre Zusammenarbeit und partizipieren gemeinsam am Erfolg des Buches.